平凡社新書
754

イザベラ・バードと日本の旅

金坂清則
KANASAKA KIYONORI

HEIBONSHA

イザベラ・バードと日本の旅●目次

地図作成＝平凡社地図出版

注

1 『完訳 日本奥地紀行』などのイザベラ・バードの訳書からの引用について、地名・人名・日本固有の事物など、原著でローマ字表記された日本語は、その読みをカタカナのルビで示した。そして発音が誤っている場合は中黒でひらがなの正しい発音（読み）を続けた（例・証文《ショモン・しょうもん》）。ただし、正しい読みが自明な場合は、伊藤《イト》のようにカタカナのルビだけとした。

2 『完訳 日本奥地紀行』などの引用について、〈 〉は原文がイタリック体の語のうち「英語に同義語のない日本語」を、［ ］は訳者・金坂が補った語を示す。

3 引用した本、雑誌は、原則として原著の表記を掲げたが、金坂による書名、論文名の日本語訳を（ ）で補った。日本語訳書が刊行されている場合は原則としてその書名を（ ）で示したが、その書名が原著の直訳と異なる場合は金坂による原著の日本語訳を先に示し、その後に日本語訳書名を続けた。

はじめに

「旅は人生を豊かにする」――江戸時代の儒家《じゅか》・啓蒙家でありすぐれた旅人でもあった貝原益軒の晩年の心境をよく示す『楽訓《らくくん》』から学べることの一つです。普遍性があります。

文人・知識人にとって、旅は長く智の源泉でした。李白しかり、モンテスキューしかり、ゲーテしかり、芭蕉しかり、です。例をあげればきりがありません。ストラボン、玄奘《げんじょう》、マルコ・ポーロ、イブン・バットゥータ、そして、マゼラン（マガリャンイス）をはじめとする大航海時代の冒険者など、旅によって歴史に名を残す人も数多くいます。探検航海を経験せずしてその進化論の誕生がなかった博物学者チャールズ・ダーウィンや、近代地理学の祖アレクサンダー・フォン・フンボルトのように、旅の一種としての探検と研究が不可分に結びつく例も少なくありません。一八世紀の英国貴族の子弟が文化の先進国フランスとイタリアに向かった、いわゆるグランドツアーも、この格言と無縁ではありませんでした。

この格言は、ですが、男性だけにあてはまるわけではありません。レディ・トラベラー、あるいは、その大半が一般にヴィクトリア朝と言われるヴィクトリア時代（一八三七～一九〇一）

の英国女性だったことからヴィクトリアン・レディ・トラベラーと称される女性たちも、この格言と結びつきます。そしてこの格言が、数の上では圧倒的に男性に関わるものだけに、彼女たちの存在はかえって注目されます。

本書は、レディ・トラベラーを対象とする作品を書く人なら、たとえ直接取り上げない場合でも、その存在を頭の片隅に思い浮かべるに違いないある女性とその旅についての書物です。彼女とその旅、旅の果実としての作品・講演・写真、慈善的社会活動・海外伝道支援活動などの事績、大英帝国を支える紳士諸賢のものだった地理学の世界との関わりや膨大な遺産、膨大な著作の目録、さらには、日本の旅の従者兼通訳の伊藤《イト》やその旅で活用したブラントン日本図をはじめとするいくつもの謎について、私が四半世紀近く科学（科学的に研究）し、明らかにしてきたことを踏まえたものです。

その女性の名はイザベラ・ルーシー・バード（Isabella Lucy Bird, 1831～1904）。一八七八（明治一一）年の日本の旅の三年後、四九歳で一〇歳年下の医師ジョン・F・ビショップと結婚してからはビショップ夫人（Mrs. J. F. Bishop）となったものの、夫が五年で病没したことや旧姓でよく知られていたこともあり、書物にはイザベラ・バードの名も用い続けた女性です。身長約一五〇センチと小柄で、終生、病と無縁でなかったこの女性は、生没年からわかるように、まさにヴィクトリア時代を生きた人でした。

本書は、編訳書『イザベラ・バード 極東の旅2』（二〇〇五、以下『極東の旅2』）に「『日本奥地紀行』新版序文と写真」（二〇〇五）を収めたのに続き、二〇一二年から一三年にかけて『完訳　日本奥地紀行』全四巻と『新訳　日本奥地紀行』を同じ平凡社東洋文庫から出版した成果の上に立ち、彼女の日本の旅とその記録——旅行記の特質＝真の姿を、彼女の旅の生涯とそれぞれの旅の特質を明らかにして全体像を示す中で、紹介するものです。

ここで彼女の紹介に移る前に、前記の「科学し」について第一章で説明します。この説明を省いて彼女の紹介に入ったのでは、今述べた本書の目的に適う書物にはならないためです。日本の旅と旅行記の真の姿を提示する上で不可欠なことであり、驚きのあることでもあります。

第一章　旅と旅行記を正しく理解するために

旅と旅行記を科学する

先に「科学し」と記したのは、小難しいことをするからでも、理屈をこねたり理論を振りかざすからでもありません。方法論としては逆です。

旅と旅行記に関する研究は、一九七〇年代後半、とくに八〇年代以降、E・W・サイードに始まるオリエンタリズムやポストコロニアリズム、フェミニズム、カルチュラルスタディーズ、クリティカルセオリー、ジェンダー論、言説《ディスクール》論といったあい重なり合う現代的な理論や分野を取り込むことによって大きく展開し、新しい時代に入りました（Peter Hulme and Tim Youngs eds., *The Cambridge Companion to Travel Writing*（『ケンブリッジ旅行記必携』), Cambridge, Cambridge University Press, 2002）。しかし、私は、そのような方法によってかえって埋もれてしまう、過去の事象の意味を明らかにする研究こそが必要だという立場に立ちます。

今記したいわば解釈論的な研究は、一般に特定の人物でなく多くの人物を対象とし、個人を超えることとして論じるので、個人単位で見ればどうしても研究者にとって都合のよい断片だけを取り上げることになります。しかし、とくにバードのように、半世紀近くにわたって南米と南極を除く全大陸に及ぶ旅を重ね、旅に基づく一四冊（一七巻）もの著書や二冊の写真集に加えて、私の書誌調査によれば、賛美歌、キリスト教、評論、ルポルタージュ、地誌等々の諸ジャンルにわたる約一五〇編もの作品を各種の雑誌や新聞に発表し、慈善活動や講演活動にも努めた人物については、このような扱い方による解釈や評価では、埋もれてしまうものがあまりにも大きくなるという問題が生じます。

このように考える時、ある特定の人物に絞り、その旅と旅行記を、学問分野の枠組みを超えて考究し、諸事実を明らかにしていくことによって、従来の理解と異なる解や新しい見解、視点を導く研究の意義は明らかです。イザベラ・バード論という、一九八九年以来の私のバード研究は、一貫してこの独自の立場に立っています。彼女の没後一〇〇年になる二〇〇四年からは、「ツイン・タイム・トラベル＝Twin Time Travel」（過去の旅行記に描かれた旅の時空と現在に生きる私たちの旅の時空を後者に主体性をもたせて重ね合わせる旅）をコンセプトとする写真展を世界四カ国のバード縁《ゆかり》の地一五カ所で一一年にわたり延べ二年半近く開きましたが、これもイザベラ・バード論の不可欠な一部として発展させるものであるからです（『ツイン・タイム・トラベル　イザベラ・バードの旅の世界　In the Footsteps of Isabella Bird: Adventures in Twin Time Travel』という日本語・英語併記の写真集（平凡社、二〇一四）はその集大成です）。

旅行記の読みの定理

「科学し」ということに関して何よりも強調されねばならないことは、テキストとなる旅行記を、読み手の関心や価値観に基づいて解釈したり評価したりして恣意的・主観的に取り上げるのではなく、まずは、旅行記の原著者が何を記そうとしているのかを客観的に真摯《しんし》にとらえる姿勢です。

そして、そのために何よりも必要なことは、

「旅行記を読むとは、その基になった旅を読み、旅する人を読み、旅した場所・地域を読み、旅した時代を読むことである」

という認識を実践することであり、これが、旅と旅行記を科学する際の基本、出発点にならねばならない、ということです。

「当たり前ではないか」と思われるかもしれません。ですが、決してそうではありません。そのことを、以下では、バードの日本の旅について、「言葉」に限定して具体的に検討してみます。ただ、この検討にあたっては、日本の旅に関するバードの著書＝原著が一種類でなく三種類もあるという事実と、この興味深い事実がなぜ生まれたのかを知っておく必要があり、以下の検討で取り上げる邦訳書にも関係します。それで、まずはこの点について記しておきます。

三つの原著と邦訳書

私の経験からしますと、バードの一八七八（明治一一）年の日本の旅について知っていると言う読者は、彼女の旅が日光から東北を抜けて北海道に至り、アイヌの村を訪れるものだったと思っている場合がほとんどです。しかも、このようなイメージは実は日本人だけのことでは

ありません。専門家の間でさえ、国の内外を問わず、このような理解が、少なくとも近年までは圧倒的でしたし、今でもそう思っている人が少なからずいます。実際には、彼女がもっぱら蝦夷《えぞ》と記した北海道の旅から東京に戻った後に関西・伊勢神宮周遊の旅をしているのに、です。しかも、彼女は日本の真の姿を知るために旅をしたのですから、関西や伊勢神宮の旅は不可欠だったのです。では彼女の旅が北海道への旅だけだったかのように考えられてきたのはなぜでしょう。ここで原著について説明するのは、その答えが二つの書物＝原著が生まれたことと不可分に結びついているからです。また、実は原著にはもう一つあり、これも大切です。

バードは、日本の旅に次いでマレー半島を中心とする旅とシナイ半島の旅を行って翌一八七九年春に帰国し、八〇年秋、日本の旅の成果として二巻本の書物をジョン・マレー社から出版しました。Isabella L. Bird, *Unbeaten Tracks in Japan: An Account of Travels in the Interior, Including Visits to the Aborigines of Yezo and the Shrines of Nikkô and Isé*, 2vols です。直訳すると『日本の未踏の地――蝦夷の先住民と日光東照宮・伊勢神宮訪問を含む内地旅行の報告』となるこの本が一つ目の原著です。総頁八一九頁もの大著（以下、『完全本原著』ないし『完全本』と表記）であり、関西と伊勢神宮への旅も記されています。

こう書くと、日本の旅が北海道への旅だったという誤解は別の原著があったからではないのかとの推察がつくでしょうが、そのとおりです。『完全本』が出て五年目の八五年に出版された *Unbeaten Tracks in Japan: An Account of Travels in the Interior, Including Visits to the Ab-*

origines of Yezo and the Shrine of Nikkô という本です。この本は、書名こそ『完全本』とほとんどまったく同じで、and Isé がないだけですが、『完全本』に複雑な削除を施して分量をほぼ半分にしたものであり、関西・伊勢神宮への旅は完全に削除されています（以下、『簡略本原著』ないし『簡略本』と表記）。

ではなぜ、この本が出版されたのでしょうか。先の『完全本』が売れなかったからでしょうか。そうではありません。『完全本』は発売と同時に大反響を呼び、たちまちにして版を重ねたのです。答えは、出版社ジョン・マレーが人気の出版物の廉価本シリーズを出しており、イザベラのハワイとロッキー山脈の旅の旅行記二冊もすでにそのシリーズに入れていたので、日本の旅の本についてもこのシリーズの本として出版したかったということです。そのため、『完全本』の分量を半分にし、かつ新しい読者の開拓に資するよう「旅と冒険の書物」にする形での削除をバードに依頼し、完売状態になったのを受けて出版したのです。同書で「日本地図」が削除されたのは、本文を半分の分量にしたことから不都合になったためと考えられます。

タイトルページに New Edition, Abridged（新版、縮約本）と記し、『完全本』の判型をやや小さく（縦を〇・九三倍）するだけで表紙も同じものを踏襲したところに、社主マレー三世がこの本をもってイザベラの日本の旅の記録としようとしたことがわかります。事実、二四シリングもした『完全本』の三分の一に過ぎない七シリング六ペンスで売られたこの本は、マレーのねらいどおりよく売れ、版を重ねていき、これも私が所蔵する一八九三年刊行のものにはすでに New Edition, Abridged の表記はなくなり、替わって Fourth Edition となっています。そしてバードが没した翌一九〇五年には Popular Edition（普及版）とされる一方で、この年以後さらに安価な一シリングシリーズの一冊としても刊行された廉価版では、タイトルページの Popular Edition という記載さえもが、『完全本』の序文中の最後の記述 ISABELLA L. BIRD September, 1880 中の September, 1880 とともに消されてしまいました。当然のことながら『完全本』は出版物リストの中からはすでに消えていました。

以上のような推移によって『簡略本』がバードの日本の旅の記録であるという事態が定着してしまっていたために、一九七一年以降次々と刊行されてきた復刻本は、——手軽な読み物として出版されたという事情もあり——、ほとんど『簡略本』を底本としてきています。一九七三年に平凡社東洋文庫の一冊として刊行され、日本におけるバードとその旅への関心を生んできた高梨健吉訳『日本奥地紀行』もその一つで、これが上記の誤解を生んできたのです。

第三の原著は、Mrs. J. F. Bishop (Isabella L. Bird), *Unbeaten Tracks in Japan: A Record of Travels in the Interior, Including Visits to the Aborigines of Yezo and the Shrines of Nikkô and Isé*, New Edition, London, George Newnes Limited, 1900 です。これは一八九四年から九七年までの三年余りにわたって極東の旅を重ねた際に、ベースキャンプとして日本に断続的に滞在したことを生かし、この折に撮影した写真一四点を、この版のための「序文」とともに加えるとした。一方、「英語に同義語のない日本語解説」と「付録」のうちの「統計」を削除し、また最終章

「日本の国政」については、七六段落のうち、歴史的に見た日本の特質を総括する最初の七段落と書物全体の結語をなす最後の二段落を残し、国政の現状の個別事象を扱うその間の六七段落は削除して、出版したものです。イザベラの『完全本』へのこだわりを示すこの書物は四八三頁の一巻本ではありますが、判型が大きく、活字の組み方もコンパクトになっていて、ボリューム的には『完全本』と遜色ありません（以下、『新版原著』ないし『新版』と表記）。

原著のメインタイトルを直訳すれば『朝鮮とその隣国』となる *Korea and Her Neighboures*（1898）と、『揚子江流域とその奥地』となる *Yangtze Valley and Beyond*（1899）を出した朝鮮と中国のみならず、日本についても一書を出したいという思いを、二〇年前の旧著（『完全本』）に新しい表現手段としての写真を加えることによって実現させんと、出版社をジョージ・ニューンズ社に変更して出版したものです。『完全本』の意義を強く意識したもので、表題もほとんど同じです。副題中の Account を Record に変えたのは、右に記したような修正に伴う変更と考えられます。

以上が三種類の原著です。先に述べた『完訳 日本奥地紀行』は、『完全本』を底本とし、詳細な訳注を加えて訳出し、解題・解説・日本地図解説を付したものです。『完全本』によってこそ旅の実像とその記録の本来の姿がわかり、しかも、研究に基づく訳注を加えて初めて原著の内容が正しく理解できるものになるという考え方を踏まえた作品です。『完訳』としたのは、二巻本を一切の省略なく訳した書物という意味からですが、旅行記を科学することを通して正確に翻訳したという意味も込めています。

他方、『新訳 日本奥地紀行』は『簡略本』を底本としつつも、『完全本』を底本とした『完訳 日本奥地紀行』と同じですが、三八五頁だった頁数が五三七頁に増えている点に両書の基本的な違いが象徴されています。『新訳』とは、同じ東洋文庫に入っているこの高梨本に対する新訳という意味です（この書の意義などについては、同書の「解説」をぜひご参照ください）。

邦訳書としては、前記のほかに、楠家重敏・橋本かほる・宮崎路子訳『バード 日本紀行』（雄松堂出版、二〇〇二）と、高畑美代子訳・解説『イザベラ・バード「日本の未踏路」完全補遺』（中央公論事業出版、二〇〇八）、そして時岡敬子訳『イザベラ・バードの日本紀行 上・下』（講談社学術文庫、二〇〇八）があります。このうち、時岡氏の訳書は、『完全本原著』を底本として訳出したものです。看過できない省略があるものの、これを底本とした邦訳書の最初のものである点で評価されます。これに対し、楠家氏ほかの訳は『完全本原著』を形の上では底本にしてはいますが、『簡略本』において全体が削除されている「便」と一部の覚書のみを訳したものに過ぎません。また高畑氏の訳書は、楠家氏ほかが訳さなかった部分的に削除された「便」の削除箇所だけを訳しただけのものです。時岡訳もそうですが、文体も〝ですます調〟で記している点にも根本的な疑問があります。

しかも、高梨本を含めたこれらの訳本が、バードの原文を忠実に日本語で示しているかと言えば、否です。読者が何となくわかった気になるのはバードの描写力のおかげによるところが大きいのです。ここでは翻訳の基本中の基本である「言葉（単語）」に絞って、端的な例を少しあげて説明します。

これは、本書を旅と旅行記を科学してきた成果として書き進めるという私の方法の妥当性を理解してもらう上で必要なことです。批判のための批判ではありません。翻訳論としても取り上げられてよいことだと考えます。なお以下の文中のたとえば、「第四十八報」という表示は、『完訳 日本奥地紀行』第四十八報に出ているという意味です。

原著に記された「言葉」をどう訳すか

農作業をしている農民がかぶっているものを、バードの原文が hat だということで高梨氏や時岡氏は帽子と訳します。また、バードが glazed peaked hats と記す大津祭の曳山《ひきやま》を先導する男がかぶっていたものを、楠家氏ほかは「つやのある山形の帽子」と訳し、時岡氏も「つやのあるとんがり帽子」と訳します。しかし、正しくは前者は菅笠《すげがさ》（第十四報）、後者は「先の尖った光沢のある笠」（第五十七報）すなわち陣笠であり、帽子と訳したのでは明治という時代も日本の文化・伝統も浮かび上がってきません。

次に、村の女性が着ているものの原文が trousers や open shirt だからといって、「ズボン」や「胸を広げたシャツ」（高梨氏）と訳したり、「ズボン」や「前の開いたシャツ」（時岡氏）と訳したり、人力車夫が脚に巻いているものの原文が a red blanket だからといって「赤い毛布のような布」（楠家氏ほか）とか「赤い毛布」（時岡氏）と訳す場合も同様です。それぞれ「もんぺ」、「襦袢《じゅばん》」（ともに第二十二報）、「赤い脚絆《きゃはん》」（第五十五報）とせねばなりません。高梨氏が「短い下スカート」、時岡氏が「短いペティコート」と訳す short petticoat とは「腰巻」（第十四報）です。また、伝統を重んじる祭（大津祭）の担い手が「洋服」（楠家氏ほか）や「スーツという洋服」（時岡氏）を着、「ネクタイ」（楠家氏ほか、時岡氏）をしていたはずもありません。バードが記すのは「ヨーロッパの上着のようなもの」つまり「法被《はっぴ》」であり、首にぶら下げた「日本手拭」（第五十七報）です。

バードが "Two men in blue dresses, with pale blue over-garments resemble wings" とか "dressed in winged garments of blue and white" と記すものを、「翼に似たうす青い羽織」「青と白の羽織」（高梨氏）とか、「翼に似た青白い外衣」「青と白の翼のような衣裳」（時岡氏）と訳したのでは、葬儀というハレの場における関係者の改まった装いをとらえたバードの貴重な記述が死んでしまいます。「裃《かみしも》」という言葉を記さねばなりません（第二十五報（続））。当時、葬儀と結婚式は今日とは比べものにならない重みを有していたのです。

言葉の正しい訳出が大切なことは、食についても同様です。バードが *daikon* と記していても、九度のうち植物としての「大根」は一度に過ぎず、膾《なます》に添える「千切り大根」や「大根おろし」が各一度で、そのほかはすべて「沢庵《たくあん》」のことですから、その場合は「沢庵」と訳さねばなりません。バードがその悪臭や作り方について記していることとも符合しません。大根が臭いというような、高畑氏や楠家氏ほかや時岡氏の訳では意味がわかりません（第十五報（結）、食べ物［食べ物と料理に関する覚書］、第二十二報など）。

また、本膳料理まで取り上げ、身分による食べ物の違いにも目配りして「食べ物［食べ物と料理に関する覚書］」を多数の「報」の間に組み込んで記すバードの意図は、たとえば、*serranus marginalis* という学名の魚を「ハタハタ」（楠家氏ほか）や「鱸《すずき》」（時岡氏）と訳したのでは、読者にはわかりません。本来の「赤羽太《あかはた》」ではなく「鯛」を意味するものとしてバードがこの学名を記していることをあのラフカディオ・ハーンの用例を掲げて解明した上で、それを素材にした「鯛の潮汁《うしおじる》」のことを記しているのだとする訳にしなければならないのです。

次に、正倉院の宝物《ほうもつ》を目にしたバードが列挙しているものの一つ tortoise-shell “back-scratchers” を楠家氏ほかは「べっ甲の簪《かんざし》」と訳し、時岡氏は「鼈甲製「孫の手」」と訳しますが、このようなものが宝物としてあるはずもなく、正しくは「瑇瑁《たいまい》製の如意《にょい》」（第五十五報）であり、仏具です。バードは形状に注目して “back-scratchers” と記したのです。このような一見細かなことにこだわって訳す必要があるのは、バードが、正倉院の建物自体は「単調で洗練さのかけらもない代物」とけなす一方、その宝物については二〇種以上も列挙した上で、「シャルルマーニュ［カール大帝］やアルフレッド［大王］が収集したもののために、私たちは一体何をしただろう」という感慨を記すからです。

また、バードの日本の旅と原著にとってのアイヌの記述の重要性からすれば、これに関わる事物については日本語だけでなくアイヌ語も訳文中に記す必要があります。ですが、高梨氏や時岡氏は、たとえば第四十一報、第四十二報、同（続）、同（続々）に何度も出てくるbowlという原文については、「椀」と訳すだけです（高梨氏は一度だけ「盃」とします）。しかし、バードがbowlと記すものには主食の汁などの食べ物を入れる「椀」と、形は椀状ながら酒を飲む「杯《さかずき》」の両方があり、アイヌ語では前者をイタンキ、後者をトゥキと明確に区別します。ですから、このことがわかる訳にしなければなりません。そうしないと、原文の正確な意味と、アイヌの暮らしとその文化を伝えたいと、収集したアイヌ語の一覧まで作ったバードの熱意が伝わってきません。

さらに、第四十二報（続）の"twenty-four lacquered urns, or tea-chests, or seats, each standing two feet high on four small legs, shod with engraved or filigree brass"という原文で表現されるものを、「二十四個の漆器の壺、茶箱、椅子があり、椅子はそれぞれ高さ二フィートで、四本の小さな脚の先には彫刻を施したり金銀線条細工の真鍮をかぶせたりしてある」（高梨氏）とか、「漆塗りの壺のような茶箱のようなスツールのようなものが二四個あります。それぞれ二フィートの高さがあって、四本の小さな脚がついており、線細工を施した真鍮をかぶせてあります」（時岡氏）と訳したのでは、何のことなのかわからないでしょう。「二四もの漆《うるし》製の脚付きシントコ［ケマウシペ］がある。そして、繊細な装飾文様のある真鍮をかぶせた四本の小さな脚「ケマ」がついた、壺のようにも茶箱のようにも腰掛けのようにもみえる高さ二フィートのこの容器「ケマウシペ」（の後には……）」と訳し、シントコとは平安時代以来用いられた食物を盛って運ぶための円筒形の容器で、行器《ほかい》というと注記して初めて理解できることです。こう訳して、バードが滞在して調査を重ねた酋長ペンリ（ペンリウク）の家でも、これが大切なものになっていたことがわかるのです。アイヌの文化を正しく伝えるにはアイヌ語の併記が不可欠です。

　また、書簡文独自の表現のうちの結語を、高畑氏のように「私は床に頭を打ちつけ「三拝九拝し」ます。畏れおののいて申し上げます「恐惶謹言」」とか、時岡氏のように「わたしは床に頭を打ちつけます。恐れおののき述べました」と訳したのでは、このような点にさえ着目するところにバードの旅とその記録の特質の一端が現れているということに、読者は思い至りません。正しくは「頓首。恐惶謹言」（第四十八報）です。

　バードは「頭を地に着くように下げてうやうやしくする敬礼の意から転じて、相手に対する敬意を示す書簡の結びの言葉」である前者と、「恐れ謹んで申し上げる」後者の意味を英語に直訳しているのですが、邦訳としては慣例句であることを認識して右の六文字を記し、訳注を付せばよいわけです。さすがに今ではほとんど使われませんが、完全な死語でもありません。私の知人の一人の結びの語はいつも「恐惶頓首」ですし、「頓首」と記す人もいます。

地名の重要性

最後に、たとえば western Japan を西日本（高梨氏）とか日本の西部（時岡氏）と訳したのでは新潟の位置についての西洋人の認識を読者が理解できず、「本州西岸《ウエスタン・ジャパン》」［日本海側］（第十八報）としなければならないことに示されるような、旅行記にとっての地名の重要性に鑑《かんが》み、彼女が最も本格的に取り上げている東京の地名について考えてみます。

まず、"Of the 1400 streets of Tôkiyô, about two-thirds derive their names from natural objects,…"という原文（「東京に関する覚書」）中の streets とは「通り」ではなく、原則的には通りの両側にはりついているいくつもの町を意味すると理解しなければなりません。したがって「東京の約一四〇〇を数える通り［正しくは町］のうちの約三分の二は自然的なものにちなみ、」となります。バードが street とだけ記したのは、欧米にはこのような町（まち・ちょう）という地域的まとまりがない一方、通り（道路）が袋小路に至るまで必ず名称を持ち、場所を表示する単位になっていることによる西洋人的限界です。ある意味で仕方のないことです。大切なのは、訳者がこのことを認識した訳にすることです。ところが、従来の訳者はこのことを認識せず、ただ「通り」とだけ訳します（ほかの都市についても同様）。問題はそれだけではなく、バードが実在する地名を論じているということ自体を完全に無視していることです。

たとえば Mountain Breeze という地名や Table にちなむとする地名を、楠家氏ほかは「谷風」と「机」という「通り」と訳し、時岡氏は「山風」と「卓」という「通り」と訳します。ところが、そのような地名は、当時の東京の「通り」の名称にも「町」の名称にもありません。

前者は山と吹くの意ですから、「谷風」や「山風」ではなく「山吹」であり、具体的には牛込山吹町のことを言っているのです。また後者を、バードは家具としてのTableと考えていますが、これは誤りで、中学校の地理の授業で学ぶ武蔵野台地という地形的な意味のTableです。したがって、「台にちなむ地名」と訳さねばなりません。そして、実際には三田台《みただい》町一丁目、同二丁目、三田台裏町・高輪台《たかなわだい》町、高輪西台町、白金台《しろかねだい》町一丁目、同二丁目、品川台町（以上、芝区）、麻布三河台町（麻布区）、赤坂台町（赤坂区）、小日向台《こひなただい》町、関口台町（以上、牛込区）、本郷台町（本郷区）という一三もの町があることと、このような点に江戸・東京の特質があることを訳注で記して初めて、バードが記述した意義を読者に伝えることになるのです。

バードは東京の地名に関わる漢字の原文を五〇以上も列挙し、東京がどのようなところかを誌《しる》す重要な一部にしています。そして、これに関わる町の数は、私が訳注に記した町名を数えあげると二八〇にもなります。バードが一四〇〇だとする町の総数（実際には一三六四か一三六六）の二割です。二割もの町に関わる場所の今日の姿を見ることができる情報を記してくれているのです。この事実には私自身驚きました。

ところが、従来の訳では、このような旅はまったく行えません。そのような要求に応えるまでの必要などないという考えもあろうかと思いますが、実在した地名をきちんと訳すことは不可欠です。

以上記してきたような問題点については一部を『完訳 日本奥地紀行』の訳注や解題で個々に例示しました。また、『完訳』完結一カ月後の京都地名研究会での講演に基づく論文「イザベラ・バードが記した日本の地名と言葉——旅行記の翻訳に求められるべきこと、特に言葉、地名の誤訳・適訳に関わって」（『地名探究』第12号、二〇一四）では、最も基本的な言葉（単語）の問題に絞って体系的に論じました。ぜひ読んでいただければと思います。

なお、以上の記述に関して、問題が高畑訳にはほとんどないように思われたかもしれませんが、そうではまったくありません。前記したように、高畑訳は『完全本』のごく一部を訳したに過ぎないからです。高梨訳にも楠家ほか訳にも間違いがないことを前提にしているのですが、それらの訳に問題があることの一端は先に示した通りであり、このような前提自体が認められないのです。

翻訳者は異文化の媒介者でなければなりません。とくに、原著が訳者の国を扱っている場合には、その有利性も生かさねばなりません。それを実現するには、先に述べた旅行記の読みの定理の実践が不可欠です。ここでは言葉（単語）の問題に絞って検討しましたが、言葉の正確な翻訳は、重要ではあるものの、その出発点、いわば十分条件でなく最低限の必要条件に過ぎません。たとえば、楠家氏ほかが「日本の一般的事項」と訳し、時岡氏は「日本の現況」と訳す最終章の表題 Japanese Public Affairs とは「日本の国政」です。こう訳してこそ、この章を二巻からなる書物全体の結章としたバードの意図が理解できます。原文の意味するところを言葉＝単語の背景にあるさまざまなことや旅そのものをも考証して初めて、先に述べた旅行記の読みの定理を実践した訳になるのであり、旅と旅行記を科学するとは、このことを含めてのことなのです。

第二章　イザベラ・バード　旅の生涯

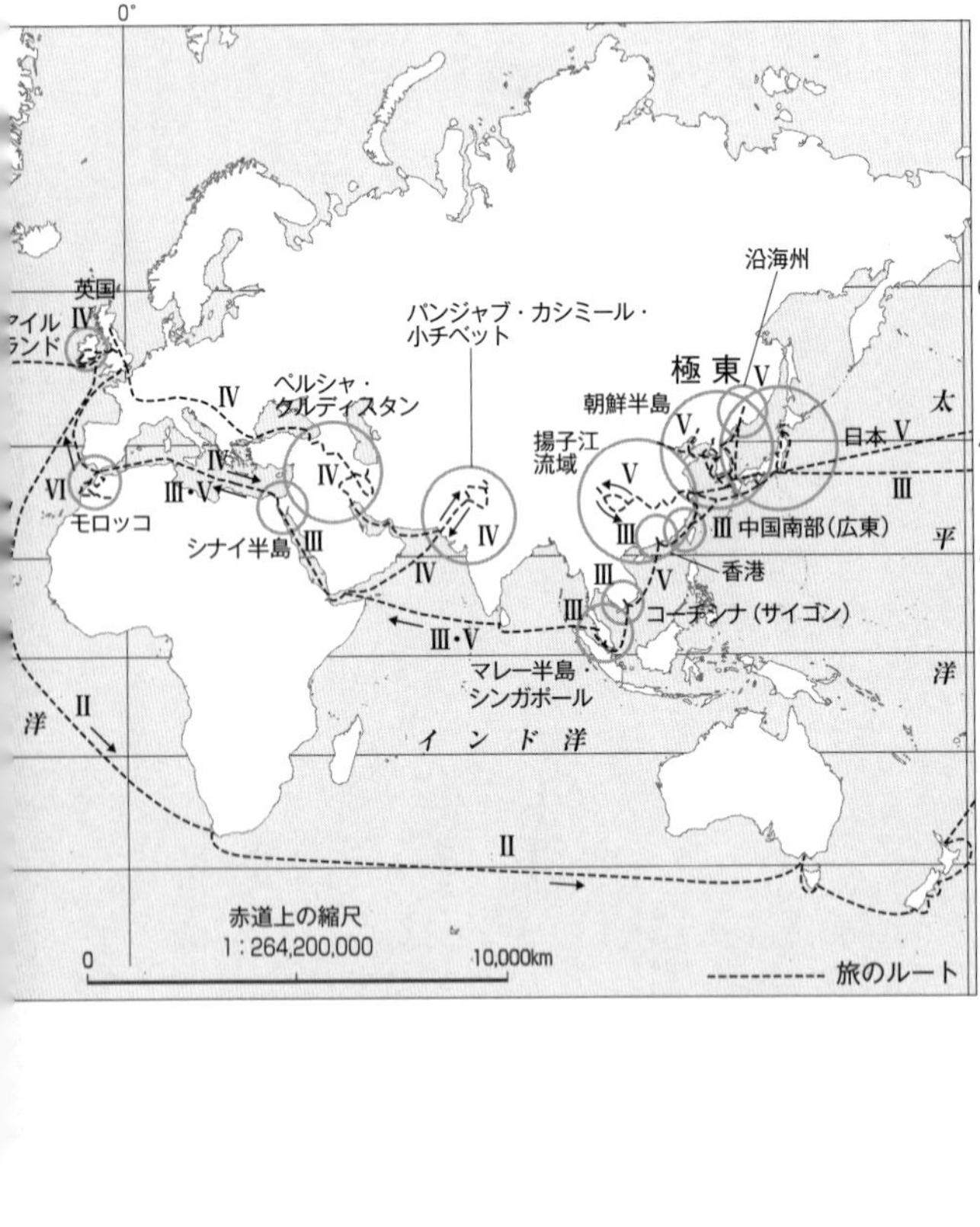
0°
60°
40°
20°
0°
20°
40°
英国
IV
アイル
ランド
VI
モロッコ
IV
ペルシャ・
クルディスタン
IV
III・V
シナイ半島
III
パンジャブ・カシミール・
小チベット
IV
IV
III・V
沿海州
極東
V
朝鮮半島
V
揚子江
流域
V
III
III 中国南部（広東）
日本 V
III
香港
III
V
III
コーチシナ（サイゴン）
マレー半島・
シンガポール
太
平
洋
洋
II
インド洋
II
赤道上の縮尺
1：264,200,000
0
10,000km
旅のルート

図1：イザベラ・バードが旅した地域・ルートと時期区分（第Ⅰ期〜第Ⅵ期）

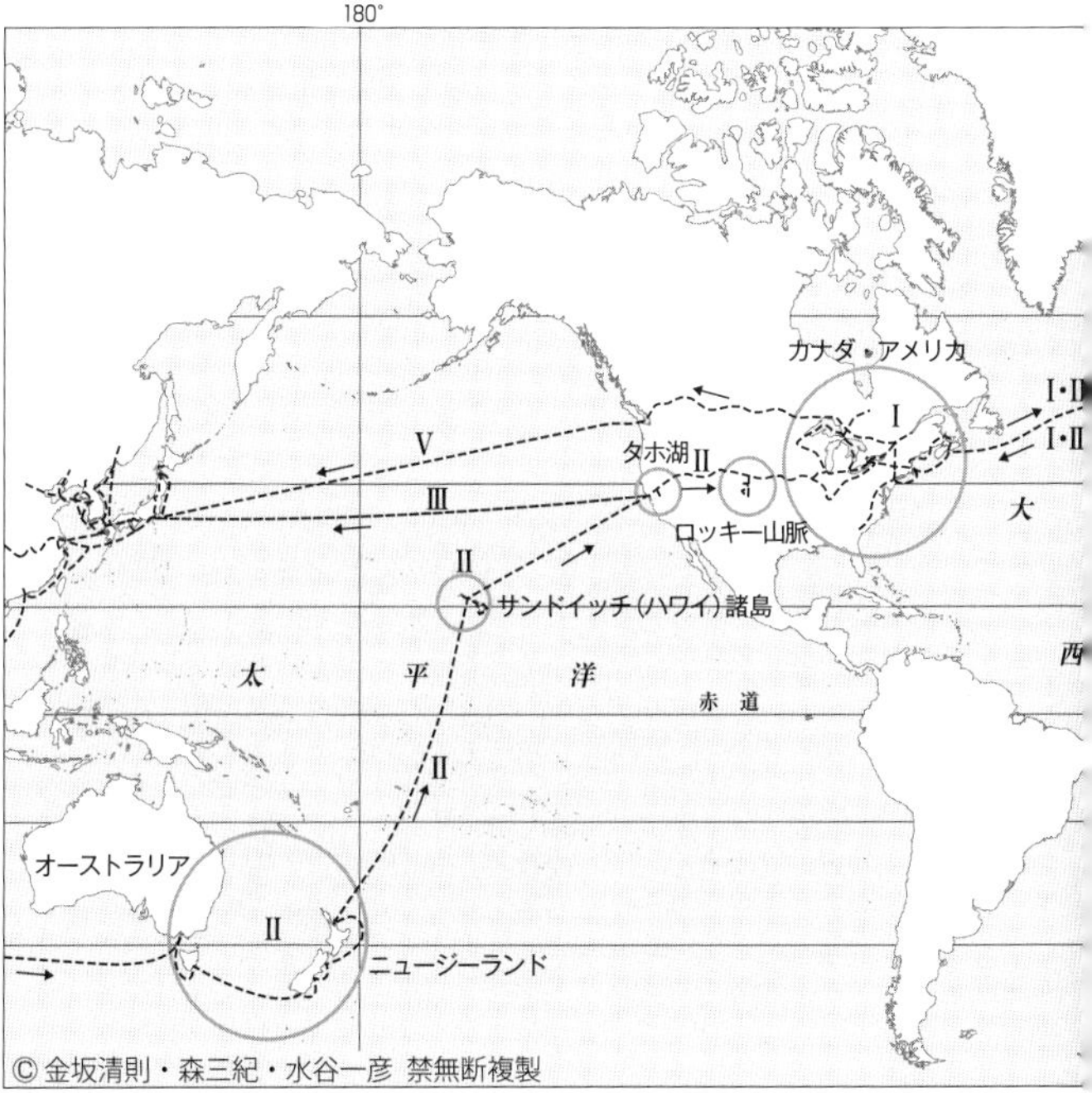

ようやくイザベラ・バードその人について紹介するところにきました。彼女の人生はまさに旅の生涯として展開しましたので、海外の旅を軸に据《す》え、日本の旅までを二つに区分し、これらと日本の旅以後の三つに大きく区分して行います。このように区分するのは、一八七八（明治一一）年の日本の旅と旅行記の真の姿を知るには、その前後の旅と人生についての理解が求められるのと、日本の旅が半世紀近い彼女の旅の歴程《れきてい》における最大の転換点になっているからです。

その根拠として**図1**を掲げます。彼女の旅は六つの時期に区分され、日本の旅は第Ⅲ期の最初のものです（金坂清則「イザベラ・バード論のための関係資料と基礎的検討」『旅の文化研究所研究報告』VOL.3、一九九六）が、この地図は彼女の旅の世界が日本の旅以後一転してアジアに展開したことを明示しています。第Ⅵ期がモロッコなのは、日本の旅以来の知人であり、一九〇〇年に日本駐箚《ちゅうさつ》全権公使から清国駐箚全権公使に転じたアーネスト・サトウの誘いに応じて中国とモロッコの旅として計画したものの、健康が許さず、サトウが公使をしていたモロッコだけにした結果です。イスラム世界という点では中央アジア・西アジアの旅から連なります。彼女の旅が日本の旅以降、アジアを主とする広大な非キリスト教世界に展開した事実に留意しておかねばなりません（『極東の旅2』解説参照）。

この地図は私のイザベラ・バード研究にとってきわめて重要なものです。長年の研究成果を組み込みつつ膨大な作業を踏まえて作成した原図を、日本を代表する地図製作者《カルトグラファー》森三紀《みつとし》氏と水谷一彦氏に製図していただいて完成したオリジナリティーの高いもので、本章にとっても大切です。とくに旅のルートについては、膨大な数の大縮尺図などに復原した成果を、総描《そうびょう》（省略と統合）という地図技法を繰り返した上で小縮尺図として適切に表現しています。ラフなものではありません。海上ルートについても英国の同時代地図や彼女の雑誌論文などにも基づいています。たとえば Isabella Bird, Kay Chubbuck ed., *Letters to Henrietta*, London, John Murray, 2002（イザベラ・バード著、ケイ・チャバック編『ヘンリエッタへの手紙』）所収の地図ではスエズ運河経由でオーストラリアに向かったかのようになっていますが、アフリカ南端の喜望峰経由です。旅行記を科学することの大切さを第一章で指摘しましたが、旅行記を科学することは旅のルートの地図化という知的営為抜きでは成り立たないのです。

1　誕生からカナダ・アメリカの旅まで——第I期の旅

牧師の娘としての誕生

イザベラ・ルーシー・バードは一八三一年一〇月一五日、イングランド北部の町バラブリッジに生まれました（以下、本章では、バードと記すと紛らわしいので、イザベラというファーストネームで記します）。C・ダーウィンが進化論に結実するビーグル号による五年の航海に出たのはこの年の一二月です。P・F・v・シーボルトが国外追放の処分を受けて、六年間住んだ日本を離れて二年後にあたります。出生年を和暦で言えば、江戸後期の天保二年です。

父エドワードは、ケンブリッジ大学卒業後インドに渡って法廷弁護士をしていたものの、妻と幼い息子を失い、自らも健康を害して帰国し、三八歳にして英国国教会の聖職者に転じた人。母ドーラは、バラブリッジの牧師だった故マーマドューク・ローソン夫妻の次女で、日曜学校で教える知的な女性。二人は教区牧師エドワードの最初の赴任地で出会い、一八三〇年に結婚しました。ローソン家は隣町オールドバラきっての名家でした。

バード家も上層中流階級に属し、一族のジョン・バード・サムナーが当時チェスター主教、その弟チャールズ・リチャード・サムナーがウインチェスター主教という聖職者の家筋でした。彼らの母は奴隷貿易の廃止と奴隷制の撤廃運動で知られる福音伝道者ウィリアム・ウィルバーフォースの従姉《いとこ》でしたから、バード家とウィルバーフォース家とは縁戚関係にあったわけです。エドワードはウィリアムの影響を強く受けていました。聖職者の道に転じたのも、以上のことによると考えられます。

ただ、ジョンが後にはカンタベリー大主教にまで上り詰めたのとは違い、エドワードは高位とは無縁でした。最初から聖職者の道に入ったわけでなかったこともありますが、急激な社会変化の中で時代遅れになっていた、安息日《あんそくにち》つまり日曜日に一切仕事をしない安息日厳守主義を貫いたことからもわかるように、何よりも信念を貫く人だったのです（この性格はイザベラに受け継がれます）。

このため、一八三二年に移ったロンドン西方のメイドゥンヘッドの教会でも、三四年に赴任し八年間務めたタッテンホールのセント・オルバン教会でも、四二年に移った大都市バーミンガムのセント・トーマス教会でも、安息日の労働を是とする教区住民と対立し、挫折しました。そして、辞職し、イーストボーンやロンドンに移る中で病から回復した四八年秋には、ハンティンドンシャー在住の裕福にして高徳のレディ・オリヴィア・スパローから隣接地ウィトンに住まいを贈られ、以後、亡くなるまでの一〇年間この小さな教区の教会（セント・マーガレット教会）で牧師の務めを果たしました。

家庭での教育――イザベラの資質と第Ⅰ期の旅の前史

聖職者として幾多の苦難と挫折を抱える中で、エドワードとドーラは、イザベラと三つ歳下のヘンリエッタという二人の娘に生きる力を授ける努力と教育を惜しみませんでした。病弱だった二人を極力戸外に連れ出し、自身が詳しかった植物をはじめとする、目に見えるあらゆるものへの関心を持つように教育しました。

このような訓練によって彼女は、地理や歴史を含む幅広い知識を貯《たくわ》えるとともに、正確な観察や、目視《もくし》による距離・面積・高度の把握など、すぐれた旅人に必須の能力を身につけていったのです。早くも四歳で馬に乗り始めたことも、後年大きく役立ちました。

非常にデリケートだったイザベラと、姉とは対照的なヘンリエッタという二人の娘の個性と長所を生かし育《はぐく》むその教育は、イザベラに旅人としての力を身につけさせることを想定してのものだったと私は考えています。とりわけ一八五〇年以後毎年夏に一家でスコットランドの高地地方《ハイランド》やその西のヘブリディーズ諸島に出かけた長旅は重要で、彼女の海外への旅のいわば序曲となりました。風景の美しさだけでなく社会のありようが、安息日厳守主義者を父とするバード家には好ましかったのです。辺境への関心という、旅人としてのイザベラの特質の礎《いしずえ》にもなりました。

彼女の依頼で後に伝記 *The Life of Isabella Bird* (*Mrs. Bishop*)(『イザベラ・バード(ビショップ夫人)の生涯』), London, John Murray, 1906(以下、ストダート)を書いたA・M・ストダートは、同書で、妹ヘンリエッタが母の影響を強く受けたのに対してイザベラは父の影響が大きかったと的確に記していますが、彼女のもって生まれた知的能力に高いものがあったことも見逃せません。早熟で、児童書には目もくれず、七歳にして当時評判のうちに刊行中だったアーチバルト・アリソンの『ヨーロッパ史』に夢中になるような少女だったという逸話が残っています。この本は三三年に刊行が始まり、四三年に全一〇巻で完結する書物です。

鮮やかな表現力と社会への鋭い関心は旅人としてのイザベラのすぐれた特徴で、一七歳にしてすでに自由貿易対保護貿易という現実問題を取り上げ、前者を批判する見解を示す小冊子を出しています（四九年）。二〇歳の時から一人旅を経験したり、不眠症を克服できたポーツマス訪問の成果を、宗教冊子協会《リリジャス・トラクト・ソサエティ》が出版する教養的家庭誌『レジャーアワー』に投稿して小冊子（五四年）にもまとめ、販売利益を高地地方の貧しい人々に対する西部高地救済基金《ウエスト・ハイランド・レリーフ・ファンド》に献金した活動にも、その片鱗が窺《うかが》えます。

もう一つ見逃してならないのは、両親が、親族を含む多くの知的な人々や著名人との関係を保つ生き方をしていたことです。この活動のすぐ後に始まるイザベラの海外の旅は孤独な一人旅ではなく、多くの人とのつながりを、男女の別も年齢も関係なく生かして展開する点に特徴がありますが、それはまさに両親の生き方の応用なのです。

海外への旅の開始——第Ⅰ期の最初の旅、カナダ・アメリカ

イザベラの海外への旅は一八五四年、二二歳の時に始まりました。行き先は英国から最も近く、関係も最も強いアメリカとカナダの東部です。一八歳の時（五〇年）には背骨付近の腫瘍の除去手術まで必要だった彼女がこの旅に出たのは、健康を回復したからではありません。健康回復のために、危険とも無縁でない大洋の航海を伴う旅に出ることを両親が医者に勧められたのです。とくに日常生活のストレスによる精神的な病を克服し健康を回復する方法として、このような療法が当時あったのです。

六月に始まったこの旅は、カナダのハリファックスに上陸後、西はミシシッピ川左岸のロッ

クアイランド、北はプリンスエドワード島やケベック、南はシンシナティに及ぶアクティヴなものでした。ですが、風景を楽しむだけの旅でも、孤独な一人旅でもありませんでした。アメリカやカナダの社会の諸相や特質を、英国との対比も交えてとらえるための旅であり、父方の親族のみならず上院議長や総督、主教などの要人とも会ったり、その支援を受けることが事前に組み込まれている旅だったのです（一介の若き女性が一人でできる旅ではありません）。

所持金一〇〇ポンドのうち一〇ポンドを残して帰国したことに示された金銭管理能力を含む、旅する力と資質や、時に危険な目にも遭いながらもそれを切り抜けて旅を続けることができたことの健康への効用を確認した旅が、彼女を元気と活力で満たしたことは言うまでもありません。帰国後は、旅の日誌や家族が保管していた手紙などの豊富な素材を書物の形にすることに取り組みました。書物にすることは、娘の能力を見抜いていた父の願望でもあったのです。こうして成った、七カ月に及ぶ旅の経験を自分の思いも込めて率直に記した見聞記 *The Englishwoman in America*（『英国女性の見たアメリカ』）は、五六年一月にジョン・マレー社から出版され、旅の舞台アメリカやカナダでも評判を得ました。

ここで注目されるのは、ジョン・マレー三世に彼女を紹介したのが旅行記作家ジョン・ミルフォードであり、人のつながりを活かすことが旅先だけのことではなかった点です。ダーウィンの著書を出し、旅行記や Murray's Hand-book という旅行案内書のシリーズでも知られる英国の超一流出版社から出版できたことは、イザベラにとってこの上ない幸いでした。両者の関係はマレー三世が亡くなる九二年まで四〇年近く続きますし、四世の代にも続きます。出す本がすべて評判を得たイザベラは、同社にとっても大変重要な女性《ひと》だったのです。

アメリカへの二回目の旅と父の死

この旅行記が出版された翌一八五七年の初夏、イザベラは再び海外に出ます。この旅も、再び健康を損ね、航海を伴う海外の旅を医師から勧められてのものでした。しかし、理由はそれだけでなく、明確な目的があったのです。それは、アメリカにおける安息日厳守やキリスト教信仰の覚醒を求める信仰復興運動《リリジャス・リヴァイヴァリズム》などの宗教事情に対する関心をイザベラの旅によっていっそう掻き立てられた父に代わって再度アメリカを訪れ、調査することでした。幼い頃から牧師としての父の苦悩を目の当たりにして育ち、バーミンガムの教会にいた一〇代前半から助手として日曜学校で教え、父を支えてきた彼女にとって、これは必然でした。一方、父の苦難はイザベラにストレスを生み、健康を損ねる大きな要因になっていましたから、旅はそれからの解放でもありました。父が送り出した旅でした。

半年の予定だった旅は一年近くに延び、その距離は最初の旅の半分以下ですが、それでも約三六〇〇キロにもなりました。アメリカにおけるキリスト教の実態を旅での経験・見聞を通して把握するには、当時のアメリカの北部・南部・西部のすべてをカバーすることが必要だったのです。

国教会が圧倒的な英国とは対照的に、当時のアメリカでは多くの宗派・教会が、歴史とも関係する地域的特徴を有しつつ併存していました。南はサウスカロライナやジョージアまで訪れたのは、父が奴隷問題や奴隷制度の廃止に関心を持ち、その調査を娘に託したからであり、これらが教会やキリスト教のあり方とも密に結びつくものだったからです。ニューイングランドの記述に力点を置いたのも、父の信念を受けて安息日の実情に大きな関心を払ったからです。

それだけに、自分の「人生の活力の主たる源であり目的でもあった」父が、帰宅したその日五八年四月三日にインフルエンザを発症し五月一四日に亡くなったことによって、イザベラは悲しみの淵に突き落とされました。

それ故、旅が、北西はスペリオル湖を越えて英国との関係の深いハドソン湾準州まで及ぶようなものだったにもかかわらず、彼女が、まず、父の草稿に統計を加え、父が亡くなったその月に *Some Account of the Great Religious Awakening now going on in the United States*（『現今合衆国大覚醒《だいかくせい》論』）, London, Messrs. Seeley を印刷・出版するとともに、自らも小冊子 *The Revival in America*（『アメリカにおける宗教復興』）, London, James Nisbet and Co., 1858 を出し、父の最期の願望だった九つの連作論文を『パトリオット』紙に書いたのは当然でした（いわゆる旅行記的な作品はこの後六〇年に『レジャーアワー』に一〇回連載した短報群だけです）。九つの連作論文は翌五九年の夏に *The Aspects of Religion in the United States of America*（『アメリカ合衆国のキリスト教の諸相』）, London, Sampson Low, Son, and Co. として出版されました。

この本には、一三〇人もの聖職者の説教を聞いたり、政治家やロングフェロー、エマソンほか名だたる文人に会ったり、奴隷制度廃止代表者大会などにも参加したりして、複雑な事象を、自らの見解も表明しつつ鮮やかに描き出し、キリスト教への揺るぎない信念を主張して結びとするイザベラの、これが二五歳の女性が記し得ることかと驚かされる強い思いと資質があふれています。

この出版の直前に三週間アイルランドへ出かけたのも、アイルランド教会史上最大の復興運動の一つとして今でも知られる「アルスター復興運動」の調査のためでした。六一年には、『ノースブリティッシュレビュー』に独立戦争（一七七五〜八三）以来南北戦争（一八六一〜六五）直前までのアメリカの歴史を、最新の関係書六冊を紹介する形で論述しました。時宜《じぎ》を得たこの長編の書評論文は、この書物の結論においてアメリカの未来に言及したことの延長線上に位置づけられます。

スコットランドへの移住と母の死

父の死後、牧師館を出た一家は秋をスコットランド西部の高地地方で、冬をスコットランドの都エディンバラで過ごしました。スコットランドが好きだったからだけではありません。エディンバラには高地地方の貧しい人々（小作人）の救済に関わろうとする自分と同じ考えの人々がいることもわかり、ヘブリディーズ諸島の漁民に慈善活動を行うにはイングランド南部よりもエディンバラが便利だったからです。しかもここは、心豊かで知的な人々とのつながりを保ち、生きる糧《かて》とするバード家の伝統を生かせる地でもありました。

　事実、最初に知己《ちき》を得たG・D・カレン牧師は、当然ながらイザベラのアメリカの信仰復興運動に関する上記連作論文を読んでいましたし、貧民学校《ラッグド・スクール》や社会改革に関わる神学博士トマス・ガスリー、医学博士マクドナルド、W・ハンナ博士らも、きゃしゃで小柄ながら、心の気高さと思いやり、鋭い洞察力によって人を魅惑する類《たぐ》い稀な力を持つイザベラに強い関心を抱いたのです。エディンバラ城を間近に仰ぎ見る、その名もキャッスル・テラスに一家が居を定めた一八六〇年の夏頃に知己を得たブラッキー教授夫妻も、同様です。同夫妻は以後長く、イザベラ、ヘンリエッタ姉妹と緊密な関係を築きました。

　この頃、紹介状を持って同教授宅を訪問したイザベラと出会い、後に彼女の伝記を書いたアンナ・ストダートの記述を通して、当時のイザベラがどんな女性だったかがわかります——「喪服に身を包んだ小柄で、か細いその姿は今も鮮やかによみがえる。シェトランド製の黒いレースのヴェールを通して見える顔は青白く、とても大きな目は何も見逃すまいとするようで、話している時にはきらめきとほほ笑みが宿るものの、黙っていると思いに沈んだ感じになる。物腰には育ちのよさとこの上ないしとやかさがあり、とりわけその柔らかで抑揚がみごとに利いた声は、がさつにも大声になるようなこともまったくなく、興奮した時でさえとても魅力的なので、同席者は皆すぐに彼女の話に夢中になった」。

ストダートはこれに続けて、話の具体的内容は忘れたものの、言葉を完璧に選びながら大切なことをきめ細かな文章を紡ぎ出して話すイザベラの話しぶりは今も記憶に残っている、と記しています。彼女の作品を長く読んできた私にもよく理解できる指摘です。すぐれた表現力は当時の知的な人々をも驚嘆させるものだったのです。

先述の『レジャーアワー』のみならず、出版社が同じで、前記ガスリーが編集者をしていた『サンデーマガジン』、そして『グッドワーズ』ほか多くの教養的・宗教的家庭誌に、さまざまな時代の賛美歌やキリスト教の特質、貧民学校、西部高地などに関する作品を、イザベラは病に苦しみながらも盛んに寄稿していきました。

このように、父亡き後、父に代わって一家の中心となっていったイザベラは、豊かな人間関係を築く生き方を、自らの経験も生かして実践することによって、一家の中心を超える存在になっていったのです。彼女の住まい自体が、エディンバラに住む著名人が集まる場になっていたことは、それを象徴します。

忘れてならないのは、彼女がアウターヘブリディーズ諸島の人々を移民として送り出す慈善活動の中心的役割を担っていた事実です。夏になると、西部高地西縁に位置しヘブリディーズ諸島への玄関口でもある港町オーバンに生活の拠点を移し、島々を巡りながら行うその活動には、エディンバラでしばしば病に苦しむ状況から脱する意味もあったと考えられます。六六年春には八年ぶりに海外をめざして短期間カナダを訪れましたが、これも自分が関わった移民の入植地を訪問するためのものでした。執筆と実践行動の結合は若い時からの特徴であり、後にも続いていきます。

ところが、この年の八月、父の死後イザベラの「生きる目標の一つだった」母が亡くなります。これによって、新天地で八年間にわたって築いてきた生活は潰《つい》えました。時にイザベラ三四歳、ヘンリエッタ三一歳。残された二人は、悲しみの淵から脱却し新たな人生を切り開いていくことを余儀なくされたのです。

スラム改善活動と深刻な病

母の死後、インナーヘブリディーズ諸島のマル島に移った妹と別行動をとってエディンバラを離れたイザベラは、ロンドン、タンブリッジウェルズ、ファーナムなどイングランド南部を転々としましたが、その間も、一八六〇年のアウターヘブリディーズ諸島への旅をまとめ、『レジャーアワー』に五編寄稿しています。そして半年後にエディンバラに戻ってからは、活動と関心の対象を、一応の成果を出し見届けもしたヘブリディーズ諸島住民の移民送り出し活動から、エディンバラ旧市街のスラム住民に移しました。

Notes on Old Edinburgh（『エディンバラ旧市街覚書』）という作品を、地元出版社エドゥモンストン・アンド・ダグラスが出していた叢書「オッズアンドエンズ」の一つとして六九年二月に出版し、問題解決に向かっての実践活動も行いました。この作品は、ここがニューヨークや

ケベック、ロンドン、バーミンガムのスラムにもましてひどいという指摘で始まることが示すように、居住経験のみならず旅での見聞も踏まえた作品であり、同時に、すでに身につけていた現地調査を生かした作品でもありました。しかも、ガスリー博士の貧民学校に関する論文につながるもので、序文を書いたのも前述のハンナ博士でした。

日常の生活世界とこれとは異質な非日常の世界の二つに生きるという、カナダ・アメリカの旅で身につけ、終生保ち続けたイザベラの生き方に沿うものだった点にも留意せねばなりません。自分の住まいから一・五キロほどしか離れていないにもかかわらず、旧市街のスラムは新市街に住む彼女にとっていわば非連続な世界としてあったのです。

ところが、これまでは、彼方《かなた》の世界の旅によって元気を得ることができたのとは違い、この活動が彼女にもたらしたのは経験したことのないひどい病と苦しみでした――彼女自身わかっていたことだとは思われますが、スラムの改善という問題はこのような活動によって解決できるようなものではなく、達成感を得られなかったのだと考えられます。

この状態は二年以上も続きました。モア医師の指示に従い、座っている時にはスチール製コルセットによって、頭の重みに耐えられない背骨を補強していました。ロンドンの専門医の診断に従い、ほとんど一日中寝たままの日々を送ったこともありました。しかし、この治療法は病状のいっそうの悪化をもたらし、不眠症がぶり返し、神経衰弱になり、肉体的苦痛に加え精神的苦痛にも苛《さいな》まれるという状況に陥りました。

2 オーストラリア、ハワイ諸島、ロッキー山脈そして日本の旅——第Ⅱ期・第Ⅲ期の旅

第Ⅱ期の旅の開始——オーストラリア、ニュージーランドへ

イザベラは、一八七二年五月、旅に出ます。モア医師と主治医を彼から継いだG・スチュアート医師が、航海を主とする旅を強く勧めたからです。ニューヨークに行ったのち、地中海の複数の港を周遊する旅でした。短期の旅にしたのは妹を残して出かけるのが気がかりだったためです。しかし、ニューヨークに至っても体調は改善せず、予定を切り上げて帰国しました。

その彼女に二人が強く指示したのは、より長期の航海を行い、状況を極力変え、海と山の大気の力で健康を回復させるというものでした。モアは、以前のアメリカとカナダへの二回の旅の劇的効果だけでなく、今回の発症にあたっても、海に行き一日の大半を小舟で過ごすようにという自分の指示によるオーバン滞在（六九年）の効果が一時的にはあったことを知っており、この療法しか解決策はないと確信していたのだと考えられます。

こうして同年七月一一日、イザベラはオーストラリアをめざしエディンバラを離れました。旅の用意万端を整えてくれたのは、五年に及んだヘブリディーズ諸島からの移民送り出し活動

におけるイザベラの高い実践力とエネルギーに驚嘆していた、グラスゴー海運業の重鎮N・ダンロップでした。

第Ⅱ期の旅の始まりです。第Ⅰ期の旅の最後からは一四年もの歳月が経過していました。

この旅は、一年半にわたる長期の旅として、また海の大気のみならず山の大気の力で健康を回復させる旅として、計画されました。このことからしますと、オーストラリアとニュージーランドを訪れた後に同じコースをとって英国に戻る旅ではなく、ハワイ経由でサンフランシスコに至り、そこからロッキー山脈を訪れた後に大陸東岸に出、大西洋経由で帰国する世界周遊の旅として計画されていたと考えられます。エスティスパーク訪問が長年の夢だったとも、ここが思い描いていたよりももっとすばらしいところだとも、ロッキー山脈の旅の拠点になったエスティスパークで記しています。オーストラリアとニュージーランドの旅は一年半の旅の前半のものだったのです。

ところが、ベン・ネヴィス号によるリヴァプールからの三カ月近い航海は、下品な会話や声を張り上げての喧嘩など、船上で起こる事柄の不愉快さのために必ずしも快適なものではありませんでした。風邪をこじらせ重体に陥ったりもしました。また、オーストラリアではメルボルンを中心にバララトやジェロングなどヴィクトリア州内を巡りましたが、気候は不快で風景もそれほどでなく、社会的な面でも関心を惹かれなかったために体調の回復には至らず、滞在は二カ月になりませんでした。次に訪れたニュージーランドでは、スコットランド出身者への関心から南島を中心に船で移動しオタゴやカンタベリーを訪れましたが、真夏にあたっていたために、いっそう心地よくないところでした。オーストラリアについてはハワイの旅行記を出した後に『レジャーアワー』に一一回連載しましたが、ニュージーランドについては何も書いていません。オーストラリア、ニュージーランドの旅は、英国とのつながりの強さでは第Ⅰ期の旅からの連続性がありましたが、第Ⅰ期の旅とは違い、成功に結びつくものではなかったのです。

ハワイ諸島の旅

翌一八七三年一月一日、充足感のないままにニュージーランド北島のオークランドからホノルルへと出航した翌日、イザベラは旅人としての資質を再び実感できる幸運に巡り合いました。この偶然が起こらなかったら以後の人生はどうなったのだろうと思われる重要な出来事でした。

ホノルルをめざすサンフランシスコ行き郵便蒸気船ネヴァダ号が、この日、老船長が言うには過去一七年間で最も激しいハリケーンに見舞われたのです。そして、この時、イザベラはこの状況を冷静に観察する余裕をもってやりすごし、危機との遭遇がかえって心身の健康回復に役立つことを確信したのです。ブラッキー教授夫人に宛てた手紙にはその喜びが感動的に綴られています――「あの太古の海神が知らぬ間にわが身を襲い、わが心に入り込み、これからはたとえどこにいようとわが心はこの神とともにあるとの思いを深くしています。船上の友は二人して、まさしく海の精を吸い込んだのよ、と言います。これまで知らなかった世界に生きている感じです。自由で、新鮮で、活力にあふれ、気楽で、何の足枷《あしかせ》もなく、好奇心に満ちた世界なので、寝る間も惜しいほどです」と。

しかも、古びた外輪船による、危機を乗り越えた船客の一体感が保たれての二五日間の航海を経て一月二五日に辿《たど》り着いたハワイは、これまで目にしたことのない美しさと心地よさによって、一〇年に及ぶ精神的・肉体的苦痛から彼女を完全に解放してくれる世界でした。

八月七日にサンフランシスコに向けてホノルルを出航するまでのサンドイッチ諸島（現・ハワイ諸島）の旅がいかに楽しくストレスと無縁であり、生き生きとしたイザベラであり続けたかは、その旅行記を読むと実感できます。それは *The Hawaiian Archipelago: Six Months among the Palm Groves, Coral Reefs, & Volcanoes of the Sandwich Islands*（『ハワイ諸島——椰子《やし》の林、珊瑚礁、火山とともにありしサンドイッチ諸島の六カ月』。近藤純夫訳『イザベラ・バードのハワイ紀行』平凡社、二〇〇五）, London, John Murray, 1875 です。太平洋上に東西約七七〇キロにわたって広がるハワイ諸島の島々をハワイ島を中心に主に船と馬で旅したイザベラの移動は実に複雑で、ハワイの旅がいかにアクティヴなものだったかがより印象づけられます。

この旅の成功は、多種の羊歯《しだ》をはじめとする熱帯的な植物や火山活動や溶岩ほか、目にするあらゆるものに対する関心、鋭い観察眼と文章力、正確な距離・高度把握、社会に対する鋭い視点などを身につけていたイザベラの、旅人としての能力あってこそのものでした。旅の成功の必須条件だった、横座りせずにメキシコ鞍にまたがるハワイの女性の乗馬術を取り込めたのも、幼時からの乗馬経験が生きたのです。彼女の颯爽《さっそう》とした姿を彷彿させるものとして旅行記を飾った服装は、英国のものとの違い故に大きな話題になりました（ロッキーの旅もこの服装でした）。躍動感にあふれ冒険性も備えた旅が苦しみを断つ最良の治療と万能薬であり、医師の診《み》たてがみごと証明されたことを確認しておきたいと思います。

しかしこの旅は、ハワイの自然のすばらしさを満喫することにより元気を回復した旅としてのみ理解されてはなりません。豊かで色鮮やかな植生や、夜空を焦がす火山の活動など、ハワイの自然が、アクティヴな旅と繊細な描写を通して味わえるところに最大の魅力があり、評判となった口絵ほかの図版がそれをいっそう引き立て、『ネイチャー』や『スペクテイター』が絶賛したのもこのような点ではありましたが、次の四点にも注目する必要があります。

その第一点は、実に多くの現地の人、とりわけ有力者とのつながりを結びつつ展開していったということです。これまでの旅と同じであり、これなくしてはハワイの旅の成功はありませんでした。

オークランドから一緒だったデクスター（船客名簿によるとブリガム）夫人。著名な牧師S・C・デーモン夫妻やデクスター夫妻の勧めで急遽《きゅうきょ》実行したハワイ島の火山探訪の旅の同道者ミス・カープ。自邸を同島での宿にし、種々の援助をしてくれたハワイ島知事L・サヴァランス夫妻。同島における伝道の推移について教えてくれた古参宣教師T・コーンやD・B・ライマン夫妻。S・L・オースティン判事夫妻。カウアイ島の政治家W・H・ライスや同島に住むニイハウ島の所有者E・M・シンクレア夫人。あるいは、マウナ・ロア（四一七〇メートル）とマウナ・ケア（四二〇五メートル）に案内し、イザベラに大きな感動と自信を与えたW・L・グリーンに至るまで、名を列挙していくと多数に上ります。エマ女王やルナリオ国王に謁見《えっけん》したことも見逃せません。ルナリオ国王とは馬の旅を楽しみ、詩を贈られてもいます。彼女は一介の無名の旅人ではなかったのです。

中でも重要だったのは、ホノルルに住むロンドン生まれの探検家・地質学者で、ハワイ島の火山に精通するグリーン（二年後にハワイ王国の外務大臣になる）と同道できたことです。冒険性に富んだ三つの活火山登攀《とうはん》が、旅行記の最大の魅力と評価されたからであり、マウナ・ロア登頂の二番目の女性となれたからです。また、妻とともにカウアイ島に同行するはずだったのが実現せず落胆したとイザベラが記す司法長官とは、カメハメハ五世、ルナリオ、そして後にはカラカウアという三人の国王の治世に重要人物として関わったチャールズ・ヘイスティングス・ジャッドのことです。

第二点は、当時のハワイが、すばらしい自然だけでなく政治的・宗教的・文化的にも注目される地域だったことが旅の背景にあったと考えられることです――一七七八年のジェームズ・クックのハワイ島上陸、カメハメハによる九五年のハワイ王国樹立と一八一〇年のハワイ諸島統一。二〇年からの海外伝道組織アメリカン・ボードの宣教師の布教によるキリスト教化。ハワイの支配権を巡って争っていた英米両国にフランスを加えた三国による四二、四三年からの王国への政治的圧迫。これらを経て、事態は六八年には米国によるハワイ併合に向けた互恵条約提唱というところまで立ち至っていたのです。後に『トム・ソーヤーの冒険』で一躍世界的作家となる報道記者マーク・トウェインが六六年にハワイに派遣され、四カ月滞在して二五回にわたって連載記事「ハワイ通信」を執筆し評判を得たのも、ここが注目される地域だったことに深く関わります。イザベラも、オークランドを発った船がホノルルに着いた時に水先案内人が届けた新聞にルナリオ王の即位に関する彼の記事が載っていたと記しています。

この第二点は、この旅行記が一種の地誌的作品にもなっているということです。すなわち、文明開化も伴ってのキリスト教の普及によって変容していくハワイ社会の諸相を、伝道活動の展開や生活文化などにも目配りした手紙形式の旅行記として記し、最後に、国の政治行政・貿易・歳出入・経済、教育・農牧業の問題などの現状を概括する地誌的な章と国際関係にも留意した王国史を中心とするハワイの歴史を概括する章を加えているのです。

とくに重要なのはアメリカン・ボードの宣教師による布教についてきちんと記していることと、これが多くの宣教師に出会い情報を得ることと結びついていることです。批判的記述のため第二版で削除されたので知られていませんが、初版では「ホノルル伝道会」についても記しています（第三十報の一節）し、第二版ではハンセン病患者に尽くしたダミアン神父の事績も加えられました。伝道活動についての論文も四編あります。

関連して言えば、この旅には、それまでの旅とは異なり、キリスト教が入って半世紀にもならず、長い歴史と伝統を有する非キリスト教の国家を訪れた最初の旅という意味がありました（カナダとアメリカ、そしてオーストラリアとニュージーランドにも先住民の歴史があるわけですが、イザベラにはそのような認識は弱く、この点でハワイの旅はこれ以前の旅とは区別されます）。この書物を次の文章で結んでいることも見逃してはなりません。

　これまでの報を読んでサンドイッチ諸島に関心を抱くようになった読者は、私と一緒になって次の三つを祈ってほしい。わずか一世代の間に異教と未開を脱し、キリスト教と文明［の民］へと成長した国民がカラカウア王の下で平和と繁栄を享受することを。この国が消滅する恐れが回避されることを。そして慈悲深き神の摂理によって、ハワイ人が受け継いできたものがこのままハワイのものであり続けることを。

注目すべき第三点は、この記述と結びつきます。すなわち、一八八一年に世界周遊の旅に出たカラカウア王がエディンバラでイザベラと夫ジョンに会って昼食をともにしてカピオラニ勲章勲爵士《くんしゃくし》メダルを授与し、翌年四月にはこれを証する証書を贈呈している事実です。随行したジャッド（先述）のお膳立てによって実現したこの訪問は、右の最後の文章と大評判を得たこの書物でハワイ王国を鼓舞したことへのカラカウアの感謝の念とジャッドの配慮によると考えられますが、このことは右の結びの文章と関連づけることで理解できます（イザベラの祈りにもかかわらず、それから一六年後の九一年にカラカウアが没し、九八年には王国がアメリカ合衆国に併合されたので、この結びの文章はハワイ王国の歴史にまつわる資料としても貴重です）。

第四点は、今記したような旅行記の終わり方のみならず、全体としての記述の仕方や構成、さらには、著書としてはそれまでになかった図版の活用などにも、『完全本原著』との間に明白な類似性があることです。ハワイの旅と旅行記はこの後に日本の旅を生み、その成果を完全本原著に結実させる上できわめて重要だったと私は考えています（後述）。

ロッキー山脈の旅

ではそれに続くロッキー山脈の旅はどのようなものだったのでしょう。六つの特質を指摘できます。

その一つは、海と山の大気の力を生かすことによって健康を取り戻し、新たな力さえ身に宿すことができたハワイの旅と同様の旅を北アメリカ大陸の大自然の下で行い、オーストラリアへの旅で始まる一年半の旅を締めくくる旅と位置づけられるものだったということです。ですから、大陸横断鉄道という最速・最新の交通手段を用いて移動した地域は、ほとんどまったくイザベラの関心の埒外《らちがい》にありました。一八七三年八月七日にホノルルを出航しサンフランシスコまで一〇日を要し、対岸のオークランドからセントラルパシフィック鉄道でトラッキーに出、馬でシエラネヴァダ山脈中のタホ湖に至ったのが九月二日かその直前だったことからすると、サンフランシスコ滞在は一〇日余りになり、写真館で写真も撮っている（第二章写真コラム参照）のですが、ゴールドラッシュによって急速に発展しつつあり太平洋岸の最重要都市になっていたこの都市についてさえほとんど言及していません。彼女の性格や旅先での行動様式からすれば無為に過ごしたとは考えられないにもかかわらずです。これと対照的にシエラネヴァダ山脈中のタホ湖周辺の旅について詳述しているのは、そこがロッキー山脈と同質の世界でありその前哨をなすものだったからです。

第二は、「療養所《サナトリウム》」とも称した「我が家《マイホーム》」をロッキー山中のエスティスパークに確保し、流入者であるという点では自分と同じ白人、しかも英国やアイルランドの出身者たちとともに暮らしながら、この家を拠点にして行った旅だったということです。常に居場所を変えていくそれまでの、また通常の旅とは異なるものでした。このやり方をイザベラは後にもいくつかの旅で採用します――*A Lady's Life in the Rocky Mountains*, London, John Murray, 1879という旅の果実の表題はこのような旅の特質をうまく表しています。邦訳には小野崎晶裕訳『ロッキー山脈踏破行』（平凡社ライブラリー、一九九七）がありますが、書名は『英国女性ロッキー山脈滞在記』が適切です。滞在期間の割に移動距離が大変短い点にも注意せねばなりません。

第三の特質は、旅の舞台を地誌的に明らかにする、いわば観察者としての関心を併せ持つという視点が、ここも注目され出した「辺境」だったにもかかわらず、ほとんど認められないということです。すべてから解放された日々を過ごし、馬の旅を重ねつつ、ロングスピーク（四三四五メートル）登攀や北米大陸を東西に二分する大分水嶺《だいぶんすいれい》（大陸分水嶺）到達も果たして大自然を味わい楽しんだこの旅は、冒険性と高度への挑戦というハワイの旅の特質がより純化する一方で、旅行記には地誌的な側面の記述が稀薄です。その意味では、イザベラの半世紀に及ぶ旅の中ではきわめて特異な、個人的関心に特化した旅でした。

ただ、イザベラはこのような旅にあっても、旅がうまくいくように的確な事前の準備を、それ以前の人のつながりも生かして行っています。この第四の特質は彼女自身のさりげない記述を分析することによって判明します。

つまり、イザベラは、コロラド準州に入る直前のシャイアンで認《したた》めた第三報において、「ミス・キングスリーの力添えのおかげでハント前知事が書いた推薦書が回報として郵便局に置かれていただけでなく、その名を西部中のだれもが知るスプリングフィールド・パブリカンのボールズ氏が書いてくれた、これまた大変有用な批准書兼推薦書も回報として郵便局に置かれているのを見た」と書いているのですが、このハント前知事とはコロラド準州の知事だったA・C・ハントであり、ボールズとは、マサチューセッツ州スプリングフィールドにあった大新聞社の社主サミュエル・ボールズ三世のことです。

イザベラは、最高の権威によって保証された人物であることが旅する地域で知られるようになることを想定して準備し、コロラド準州に入る直前に郵便局に出向いて準備がうまくいったことを確認し、その上でロッキー山中に入り込んでいったのです。「このような事前の準備だけでコロラドに入り込んで行くのは無謀に思える」と記していますが、これは読者を意識した彼女らしい書きぶりであり、実際は効果的な準備をしています。

イザベラはロッキー山脈滞在がすでに二カ月近くになった時点で、北米大陸の大分水嶺を訪れる一人旅を行っていますが、この旅の計画は、ハント知事が立てたものでした。とすると、ハントは単に紙の上でルートを示したのではなく、イザベラの来訪に際して現地の人々への援助依頼を含めて立案したのだと考えられます。事実、彼女の記述によれば、その旅は現地の人の援助を次々に受けながらでなければ決して実現し得ないものでした。

ハント知事に彼女を紹介したのは、ケイ・チャバックが指摘したように、英国の作家にして福音主義の著名な聖職者だったジョージ・キングスリーの長女ローズ・ジョージーナ・キングスリー（著名な女性旅行家メアリー・キングスリーだとみなされるのが一般的ですが、間違いです。当時彼女はわずか一〇歳でした）です。父との共著の旅行記（Rose Georgina Kingsley and Charles Kingsley, *South by West : or, Winter in the Rocky Mountains and Spring in Mexico*（『南微西——冬のロッキー山脈と春のメキシコ』）, London, W. Isbister & Co., 1874）の刊行はイザベラの旅の後になりますが、弟がコロラド・スプリングで開発に携わっていたことから、コロラドをすでに七一年に訪れており、イザベラはこのことを知っていたのです。

これに対し、イザベラの記述からすると、ボールズの高配はイザベラ自身の依頼によると考えられます。六九年に刊行され、ロンドンの新聞でも評価された彼の二冊の旅行記を読み、自分が訪れなかったミシシッピ川以西太平洋岸までの、とくにロッキーの山岳地域の魅力、なかでも、大気のすばらしさがコロラドの傑出した魅力の一つだという記述に惹かれて、そこを旅しようと、五四年か五七〜五八年のアメリカの旅で出会い知己を得ていた著者ボールズに支援を求め、それに彼が応えたと推察されるのです。その二冊とは、*The Switzerland of America: A Summer Vacation in the Parks and Mountains of Colorado*（『アメリカのスイス——コロラドの山岳と公園における夏期休暇』）, Springfield, Samuel Bowles & Co., New York, The American News Co., Boston, Lee & Shepard, 1869 と、*Across the Continent: A Stage Ride Over the Plains to the Rocky Mountains, the Mormons, and the Pacific States, in the Summer of 1865, with Speaker Colfax*（『大陸横断——大平原からロッキー山脈、モルモン教徒の地を経て太平洋に至る一八六五年馬車の旅』）, Springfield, Samuel Bowles, 1869 です。心身を病み苦しみの淵にあった彼女にとって、自分が求めるものがあふれた旅行記の世界、とりわけ「アメリカのスイス」と評されたコロラドが六九年の大陸横断鉄道の開通によって山岳地域の近くまでは訪れやすいところに変わったのですから、そこを訪れたいと思ったのは当然です。ボールズがこの旅をしたのも過労による体調不良改善のためでした。

以上によって、イザベラは名の知られた人物として旅をしていたことは明白です。『デンヴァーニュース』が彼女を取り上げ、名声が知られるようになっていることを酒場にたむろする男たちの質問で知り、気をよくしたという彼女の記述は、このような私の理解と符合します。

最後の第六の特質は、カナダ生まれのアイルランド人で、「ロッキー・マウンテン・ジム」として名をとどろかせていた個性的な無頼漢ジム・ニュージェントとの出会いや、彼の助力なくして成らなかったロングスピーク登攀を初めとする彼との旅の創造、そして、彼との愛と別離が最大の軸になってロッキーの旅が展開したということです。この旅における、惹かれ合う二人の語らいについてのイザベラの記述は、この旅がラブロマンス的なものだったことを物語り、ほかの旅行記にない独自の魅力を生んでいます。ただ私は、この特質に関して言えば、旅行記から窺われる、ジムを含む多くの人々との接触のありようが、イザベラが注目に値する人物として紹介されていたという点を踏まえて初めて納得のいくものである点を見逃してはならないと考えます。

エスティスパークの我が家とロッキー山脈に別れを告げ、「きっとまた会うよ」「会わねばならない」（ストダート）と繰り返したジムともナマカで別れ（一二月一〇日頃）、駅馬車でグリーリーに出たイザベラは、ワイオミング州東南端のシャイアンからはユニオンパシフィック鉄道で終点のオマハに至り、別の鉄道でニューヨークに出ました。クリスマスをここで過ごした後、リヴァプールに戻りました。当時両港は八日で結ばれていたので、帰着は七四年一月初旬です。エディンバラを出たのが七二年七月一一日でしたから、この第Ⅱ期の旅はほぼ予定どおり一年半で終わったことになります。結果的には大成功の旅でした。

第Ⅱ期の旅から帰国後のイザベラ

　したがって、帰国後は、旅に出る前とはまったく違って活発でした。ロッキー山脈を離れる直前にジョン・マレー三世に自信を持って手紙で提案していた書物の刊行に向けた作業を、彼の意見も取り入れながら行う一方、オーバン、トーバモーリ、ロンドン、ホートン、ソールズベリなどを訪れて旧知の人々との豊かな時を過ごしました。

　しかし一八七四年七月末、悲劇が彼女を襲います。「アメリカのスイス」コロラドが思い起こされるスイスで夏を過ごそうと出かける直前に、あのジムが、彼女もよく知るグリフ・エヴァンスにエスティスパークの思い出の場所で撃たれたという悲報が届いたのです。インターラーケンのホテルでは、部屋に狩猟服姿のジムが、ナマカでの別れの時の約束を果たすかのように現れ、身を屈めるやスッと消えるという異常体験もしました。ジムが撃たれて七一日後のこの体験は、彼女が複数の医師やジョン・マレー夫妻らに話したため、八六年に出た心霊主義の専門書で取り上げられ、ジムが息を引き取る瞬間に現れたという話は否定されますが、私には、ジムと出会えてこそのものだったロッキー山脈の旅の余韻さめやらぬ彼女が受けた衝撃の大きさの証《あかし》だと思われます。

　その彼女が再び活力を得たのは、それから半年ばかり経った翌七五年の春です。予定から三ヵ月遅れの二月に、ジョン・マレー社からの書物としては一八年ぶりに出版されたハワイの旅行記が、一般読書界のみならず自然科学の世界からも絶賛の嵐で迎えられたのです。書評はこの年の最後まで出続け、この書物によって彼女は一流の旅行作家としての地位を確立しました。記述が正確だとする声が現地ハワイからも届いたことは重要です。鋭い観察に基づく臨場感あふれる表現は少女時代からのことでしたが、社会や人間だけでなく、植物や火山活動など自然のすばらしさに対しても如何なく発揮されたのは、この旅行記が初めてだったからです。

これが特効薬となって心身とも回復し活発な行動を再開したイザベラは――父から育まれた植物への関心が熱帯植物に感銘を受けて一挙に高まり、採集して持ち帰り、従兄のローソン教授に同定してもらったことに端を発してのことと推察されますが――西部高地の峡谷グレン・アフリックに妹と訪れた際に地衣類《ちい》や隠花植物に関する顕微鏡調査をしたり、エディンバラの植物園で組織学の講習を受けたり、カナダとアメリカの知人をもてなしたりしたほか、スコットランドの裕福な大家族の出身で、絵の巧みさで知られる六歳年下の女性旅行家コンスタンス・ゴードン＝カミングの書物の校正もしました。

最後の事実はとくに注目に値します。それは人のつながりを大切にするイザベラの生き方の例証になるからだけではありません。この書物とは、Constance F. Gordon Cumming, *From the Hebrides to the Himalayas: A Sketch of Eighteen Months' Wandering in Western Isles and Eastern Highlands*（『ヘブリディーズ諸島からヒマラヤ山脈へ――西部の諸島と東部の高地を巡る一八カ月の旅』), 2vols, London, Sampson Low, Marston, Searle, and Rivington, 1876 であり、イザベラは、それまでに出した自著の優に四倍の重さがあるこの大著の校正と校訂を完全に一人で行ったのです! ヘブリディーズ諸島こそ熟知していたものの、ヒマラヤ山脈は行ったことのない世界だったにもかかわらず、です。しかもこの作業のために、重くてかさばる校正紙(本の重量は、測ってみると一・八五キロにもなります)を持ってロンドンやタンブリッジウェルズに行き、再びロンドンに戻ったりもしています(ストダート)。

七六年に出版された書物の冒頭には、ゴードン=カミングが止むを得ない事情で英国を離れていたためイザベラがこの作業を行ったことが「出版社覚書」として謝辞とともに記されていますが、その事情が何であり、行き先がどこかは記されていません。ほかの資料によってゴードン=カミングが、この年の三月にフィジー諸島隊の一員として太平洋諸島の旅に出発し、帰国したのは丸五年後のことだったとわかりますので、帰国まで待てなかったのは理解できます。が、それでも、自らの最初の作品となる大著を自分で校正しなかったことは尋常ではありません。実は、この援助の裏には興味深い事実が介在しているのです(後述)。

七六年一月には胸間《きょうかん》神経痛を長く患《わずら》いましたが、執筆や研究を持続しただけでなく、七七年前には実践行動は成就せず心身ともに疲弊する原因となったエディンバラの都市問題にも再び関わり、一定の成果をあげました。七〇年の西部高地北西縁ウェスター・ロスへの旅で知己を得ていたレディ・ミドゥルトンと一緒に行動できたことは、その後日本の旅に関わって大きな意味を持つことになります（ゴードン＝カミングに初めて会ったのもこのウェスター・ロスへの旅においてです）。夏には、マル島の西南にある聖人に縁《ゆかり》の小島アイオーナ島に妹ヘンリエッタと出かけて一カ月を過ごし、『レジャーアワー』のため前述のオーストラリアへの旅に関わる記事の執筆も行いました。その成果は八月二六日号と九月九日号に掲載されました。ただ、これはオーストラリアに着くまでの船上の記です。旅したヴィクトリア州に絞った旅行記の執筆に集中的に取り組んだのは、この年の冬、エディンバラの自宅においてでした。

次いで翌七七年には、宣教師にして偉大な探検家だったD・リヴィングストンの英雄的行動に心酔していたこともあって、その遺徳を偲び、アフリカとインドの医療宣教師と看護婦養成を目的とする「国立リヴィングストン記念専門学校」をエディンバラに設立する活動に妹とともに参加して情熱を傾け、著名人に混じって、後に夫となるビショップ医師らとともに委員会メンバーにもなりました。この活動は一二月中旬に開催されたバザーの大成功によって一つの実を結びます。イザベラが執筆した『バザーガイド』は二〇〇〇部も売れ、ヘンリエッタが編集した新聞『バザーガゼット』も毎日印刷されすぐ売れたと記すイザベラの手紙（ストダートの伝記に収載）には、彼女の満足感が滲《にじ》み出ています。

この年の秋には編集者の要請を受け、『レジャーアワー』にロッキー山脈の旅行記を連載すべく日誌的書簡を書き改める仕事に没頭しました。オーストラリアの旅行記の集中的執筆の成果が、七七年の一月二〇日号に出て以後九回にわたって連載され六月三〇日号で完結していたことと、春には「執筆活動をそっちのけにして」リヴィングストン関係の活動に集中していたというストダートの記述からしますと、編集者からの依頼は春にはすでにあり、秋になってようやくそれに応えたのだと考えられます。

実は急がねばならない事情が、刊行側にもましてイザベラの側にあったのです。再び海外の旅をする計画が決まっており、一度旅に出れば少なくとも一年以上も遅れてしまうので、そのような事態は何としても避けたかったのです。帰国当初、ハワイの旅行記とロッキー山脈の旅行記を一つの本としてまとめたいと考えていたのをマレー三世の意見で断念したという事情もありました（ジム・ニュージェントにロッキーの旅の本を早く見せたかったためだと推察されます）。

彼女がコロラドで認《したた》めた日誌的書簡を書き改めて執筆したエネルギーがいかにすさまじいものだったかは、七八年一月一二日号掲載のための第一報の原稿を渡した時点で、一二月一四日号まで実に一七回にわたって連載されることになるすべての原稿を一括して渡していたと考えられることによって実感されます。

そう考えられるのは、まず第一に、帰国後の五カ月後には出版された旅行記と同誌の各号の記事を比較検討すると、同誌の各号の記事が、銅版画の一部を削除したり、トリミングを施すだけで、本文にはほとんど変更のないまま著書の各報に収められていることが判明するからです。また遅くとも年が明けた七八年一月には、イザベラの頭は四年ぶりに始まる海外への旅で訪れるある国のことで頭がいっぱいになり、二月にはその旅の準備を行っており、マクレガー博士が教会で「その旅が神とともにあることを祈った」あと大きなパーティーを催し、すべてのことを片づけたのが三月三一日の日曜日で、その翌四月一日には旅路についているからです（ストダート）。この二つの事実は、イザベラが年が明ける前にロッキー山脈の旅の記録をまとめ終えていたことの証になります。『レジャーアワー』の新年号を飾った Letters from the Rocky Mountains（「ロッキー山脈便り」）が、出発前に第五報まで出て、多くの関心を呼び、著書の刊行を求める声が生まれたのを確認し、かつ出版は自分の意思で帰国後に先延ばしにした（ストダート）ことも注目されます。

ですから、同誌の連載記事の最後が、この国を離れるわずか四日前の一二月一四日号に掲載されることまで予測していたかどうかはともかく、少なくとも、母国ではその記事が連載されつつあることを知った上で、思い出の詰まったロッキーの旅を思い起こしながら、大雨による危険に遭遇することもあった旅を、この国で精力的に進めていたことだけは間違いありません。ジムのことを心の片隅に置きながら旅をしていた可能性も大いにあります（後述）。これは、二〇年以上の間、日々彼女との対話を重ねつつ研究と翻訳を進めてきている私の推測です。七五年に妹を通じて知り合い、七七年にリヴィングストン関係の活動時に親しくなったジョン・ビショップからプロポーズされた際、彼の熱意もすぐれた人格もわかっていたのに正式には受け入れなかったのは、妹ヘンリエッタのジョンへの想いを慮《おもんぱか》り、自分の不在中に彼が医師としてまた自分に代わる人として不可欠だと考えたのに加えて、ジムのこともあったのではないかと憶測します。

では、その旅の舞台はどこだったのでしょう。答えは日本！　第Ⅲ期の旅の始まりです。

日本の旅を計画した背景

一八七七年の冬に海外の旅を医師G・スチュアートから勧められたイザベラは、最初、アンデス山脈と日本を訪れる計画を立てた（ストダート）と言われています。南アメリカのアンデス山脈を考えたのは、北アメリカのロッキー山脈の旅の成功を踏まえてのことであり、馬による冒険の旅と、素養を実感できた高度への挑戦を考えたわけです。しかし、その書『ビーグル号航海記』の出版人だったジョン・マレー三世のつてで、最高にして最適の相談相手ダーウィンに手紙で相談したところ、この計画は支持されませんでした。自分の経験から女性には無理と判断したのです。このダーウィンの判断が、結果的にはイザベラに旅人としての新たな展開をもたらしたことは特筆に値します。もし計画どおり実行したなら、アンデスの旅が先で、次に日本の旅をすることになったと予想されますので、その場合には、実際には命がけのものだった北海道への旅を成し遂げることは到底できなかったと推察されるからです。また、この日本の旅が契機となって、この後、彼女の旅がアジアに展開し、最高の旅行家としての評価を得るに至ったような人生もなかったと考えられるからです。

ではなぜ彼女は日本の旅を計画したのでしょう。この点についてストダートは、幕府の消滅によって旧来の秩序が変わりつつあるのに古い慣習が生き残り、旧来の世界が西洋の精神の息吹の下で絶えず変容しつつ存在することにイザベラが関心を抱いたからだと記します。また、このような、ローマ時代以来類例がなく、歴史家が記す国レベルのいかなる変化にもまして速やかな変化の目撃者となるには、今をおいてほかないとイザベラが考えたからだとも記しています。そのため、首都などの都市に長居するよりも内地《インテリア》を旅し、古来の日本にできるだけ触れたいと彼女が当初から考えたともいうのです。

ところが、イザベラ自身は、旅行記の冒頭で、「日本を訪れることにした」のは、「日本には目新しいことや興味をひくものが特別に多くあり、これらが健康になりたいと思う孤独な旅人に大きな楽しみと元気を与えてくれると確信したからである。気候には失望したが、この国が私を有頂天にさせるというより、調査研究の対象になる国であることがわかった。その興味深さには予測をはるかに超えるものがあった」（『完訳 日本奥地紀行』「はしがき」）と記しています。二人の記述から次のことがわかります。

まず、この旅も医師に勧められたものだったものの、第Ⅱ期の旅の場合には海と山の大気に触れて状況を変えることが最重要のねらいだったのに対し、日本の旅のねらいはこのようなものではなかったことです。事実、イザベラは「気候には失望した」と記していますし、この程度のことは、少なくともサー・ラザフォード・オールコックの大著 Sir Rutherford Alcock, *The Capital of the Tycoon: A Narrative of a Three Years' Residence in Japan*（山口光朔訳『大君の都——幕末日本滞在記 上・中・下』、岩波書店、一九六二), 2vols, London, Longman, Green, Longman, Roberts, & Green, 1863 を確実に読んでいたイザベラには、訪れる前からわかっていたと考えられます。日本の旅の目的は、西洋に由来するものを受け入れて変容しつつも古来の日本に由来するものがなぜ残存するのか、その実態と理由を、それがよりよく残っていると考えられる「内地《インテリア》」を旅することによって誌《しる》し、明らかにすることだったのです。「調査研究の対象になる国であることがわかった」という記述はそのことを表しているのです。

この意味で、ストダートが記していることはきわめて重要です。ですが、いくらイザベラが聡明で博識だとしても、また、英国において日本に対する関心が高まっていたのは事実だとしても、さらには、いくらイザベラの関心がさまざまな地域レベルでの「辺境」にあったとしても、それまでの彼女の旅の世界や関心のありどころからして、世界の歴史の中で日本の一大変容を位置づける、これほど深く的確な認識と明快な旅の仕方を、日本の旅を着想するに際して有していたとは考えられません。極東の日本は、彼女がそれまで旅してきた世界とはまったく無関係な別の世界だったからです。

したがって、ストダートが記していることは、イザベラが自ら考えたこととは思えません。それは、当時、日本における英国の政府機関として活動する公使館を、一八六五（慶応元）年以来、オールコックに次いで率いてきている第二代駐日公使サー・ハリー・パークスの一大関心事であり、それ故、このようになっている理由と実態を明らかにする旅の実現をイザベラに託したいと考え、その意を、アーガイル侯爵を通してバードの知人であるレディ・ミドゥルトンに依頼し、イザベラに伝えたのだと私は考えます。これまでだれもが考えなかった仮説であり、私自身『完訳 日本奥地紀行』ではあえて記しませんでした。

本書においてこれまでイザベラのものの考え方や関心のあり方、それぞれの旅の特質を紙幅の制約の中ながら丁寧に記してきたのも、このような仮説やイザベラの日本の旅の真の姿について明らかにする上でも不可欠だと判断してのことです。ここでは仮説に直接関わる興味深いことがらを五つ指摘します。

その一つは、レディ・ミドゥルトンがハリー・パークス夫妻に紹介の労をとったのはイザベラのためだったとストダートが記していることです。この記述は、そのまま受け取るのではなく、公使パークスが前述の目的の下で、特異な変容を遂げつつある日本の目撃者としてはイザベラをおいてほかにはないと判断し、アーガイル侯爵を介してレディ・ミドゥルトンに依頼したと見るべきだということです。きわめて制限の強かった一般外国人の自由な移動の実現を日本政府に強く求め、外務卿寺島宗則《てらしまむねのり》との間で激しい論戦を闘わせてきた欧米諸国のその中心人物だったパークス（石井孝『明治初期の国際関係』吉川弘文館、一九七七）には、その一応の解決が一八七五（明治八）年に果たされた時、次に日本のありのままの姿＝諸相を、旅を通して見極め、安全に旅できるかどうかも明らかにすることが英国にとって必要だと考えたからです（後述するように、米独仏は寺島から特別の許可を得、特別の旅をしていたのです）。そして、その人物としては、小柄な中年の女性にして、一八七五年に出版されるや、英国で大評判になったハワイの旅行記の著者であるイザベラこそが最適だと判断し、旅を記録に残してもらおうと意図したと考えられるのです。ハワイと日本の旅行記の構成などの類似性（前述）や、イザベラ自身がこれを意図していたことがジョン・マレー宛の八〇年二月二〇日付書簡で裏づけられますが、今述べたこともまた、この仮説の傍証になります。パークスがハワイの旅行記を読んだという直接の証左はありませんが、読書家であり、情報収集に熱心で、職務として本国の新聞・雑誌に通じていたからには、イザベラのことを知らなかったとは考えにくいのです。ましてやハワイはアメリカだけでなく英国にとっても、以前から関心と関わりのある国でした。前述のエマ女王は英国国教会の熱心な信徒でしたし、多くの英国人がハワイの各地に入り込み重きをなしていました。

第二点は、日本の旅行記の表題はパークス公使の考えによるものである（七九年五月三〇日付のジョン・マレー宛のイザベラの書簡。後述）だけでなく、彼が、前任者オールコックの前述の大著の「大君の都」という表題のみならず、その基になった彼の日本滞在と日本の旅を意識して、そのあとに続く時代の日本の諸相を明らかにするための旅とその記録の刊行の実現を企図していたと考えられるということです（後述）。

興味深い第三の点は、大著の校正・校訂をイザベラに託して七五年三月に太平洋の大旅行に出ていたコンスタンス・ゴードン＝カミングが、その旅の途中にイザベラの日本滞在に合わせて日本を訪れる予定になっていたと推察され、事実、会っていることです。しかも、彼女はパークスとイザベラの仲立ちをしたレディ・ミドゥルトンと知り合いどころか、彼女の息子の一人ディグビィの妻エリザ・ゴードン＝カミングの伯母だったのみならず、アーガイル侯爵の親戚でもあったのです。

　四つ目はより直接的で重要です。それは、イザベラやストダートがinteriorと記す言葉です。ストダートの記述だけを読めば「奥地」の意味とも解し得るのですが、開港場と開市場から四〇キロと定められた外国人遊歩区域を外れた範囲、つまり内地旅行免状を持たない限り一般の外国人が立ち入れない「内地」の意味だと考えねばなりません。interiorという言葉を用いたのがパークスであるとみなす時なおさらです。なぜなら、これは当時諸外国にとって最も関心のある言葉であり、とりわけパークスは上記のように日本政府との交渉の先頭に立っていたからです。しかも、イザベラの原著副題中のinteriorとはこの意味であり、このことを明確に認識していないと日本の旅もその果実である旅行記も正しくは理解できないのです。私以前には翻訳者（第一章参照）も英米の伝記執筆者も、さらには作品を研究の対象とする日本の民俗学や英文学の研究者さえ誰一人認識しなかったこのことは、『完訳 日本奥地紀行』を訳出するにあたっての私の出発点《ベース》でした。

　本書で私は、彼女が、最初の旅以来、行き当たりばったりの、しかも個人的関心だけに左右されるような旅を行う女性などではなかったこと、少女時代から培《つちか》ってきた旅する能力を生かしつつ、ある目的を持って周到な旅を展開してきたということ、社会への鋭い関心を発揮する旅であったことを明らかにしてきましたが、一言で言えば、この日本の旅は、以前の旅で培ってきたもののすべてを注ぎ込んだ総決算としての旅だったのです。そこで次に、日本の旅そのものについて、これ以後の話（第三節）につながるように、ごく簡単に説明しておきます。

日本の旅の概要——第Ⅲ期の旅

一八七八年四月一日にエディンバラを出発し、ニューヨーク、シカゴ、シャイアンを経て、つまりロッキー山脈の旅の場合と同じルートを大陸横断鉄道で逆方向に進んでサンフランシスコに出たイザベラは、シティ・オブ・トキオ号で横浜に着きました。五月二〇日のことです。そして一二月一九日にヴォルガ号で香港に向かうまで丸七カ月にわたって日本に滞在し、大きく分ければ北海道への旅と関西・伊勢神宮方面への二つの旅を行い、この間は東京に滞在しました。『簡略本』やそれを底本とする高梨訳『日本奥地紀行』ではまったくわかりませんが、実際には、東京の滞在期間は、私の調べでは五〇日、総滞在日数の四分の一にも及んでいます。非常に重要な事実であり、彼女にとってはこれも日本の旅だったという理解が必要です——旅は二つでなく、三つから成っていたのです。

首都などの都市に長居するよりも内地《インテリア》を旅したいと考えていた（前述）のに東京滞在がこのように長期に及んだのは矛盾でないかと思われるかもしれませんが、そうではありません。

蝦夷（北海道）への旅に出る前の諸準備を行っただけでなく、その間に書いてきたことを援助も得て推敲《すいこう》する必要があったからです。また、世界的にも注目される変容を遂げつつある実態を見極めるには、名実とも日本の首都となった東京について調べ、誌すことも重要だったからでもあります。そして、東京ではホテルでなく英国公使館に滞在し、ここが日本の旅の最重要拠点になったのは、日本の旅が、単なる個人による個人的関心に基づく旅などではないという私の仮説と結びつくこととして理解せねばなりません。このようなことを記すと、中にはイザベラの旅行家としての魅力が減じるかのように思う人が出てくるかもしれませんが、そのような感じ方は正鵠《せいこく》を射たものではありません。私には、これによってイザベラの旅人としての、また一人の人間としての魅力とすばらしさが、いっそう理解・実感できます。

第三章と第四章でも述べますが、イザベラの旅は、パークスが、明治以降、ドイツ人F・v・リヒトホーフェン、J・J・ライン、アメリカ人C・A・ロングフェロー、フランス人G・H・ブスケがそれぞれ七〇～七一年、七四～七六年、七一～七二年、七二～七四年に外務卿の許可を得て内地への旅を行った事実や、岩倉具視《ともみ》を特命全権大使として政府首脳を含む総勢一〇七名が七一～七三年に米欧視察を行った事実も踏まえて着想し、旅の達人イザベラがその意を汲んで行った旅であり、日本の諸相を英国に伝え、日本への英国人の関心を育むポジティヴな意味を持つ旅だったと考えられるのです（第四章参照）。

3　日本の旅以後の展開と晩年の活動——第Ⅲ期後半から第Ⅵ期の旅

帰路における二つの旅——マレー半島、シナイ半島

一八七八年一二月一九日にヴォルガ号で日本を離れたイザベラは二九日に寄港地香港に入り、新年に広東《カントン》を訪れました。そして一週間滞在したのち香港に戻り、一週間後にシンガポールに向かいましたが、この二都市滞在には注目すべき点があります。

その第一は、広東では、絵のように美しいと称されたこの都市を丹念に見て回っただけでなく、南海裁判区刑務所を訪れていることです。香港から一五〇キロ離れた中国南部の最重要都市広東は、英国の植民地香港から最も近い開港場であり、英国領事館が置かれる枢要の地でした。のみならず、パークスが四三年に一五歳で領事館に入った後、通訳官、領事代理を経て、五八年から四年近く事実上の総督として治めた地でもありました。このような事実と、一介の外国人旅行者に認められるものでなかった刑務所（監獄）の視察を行い、その実態を二四頁も割いてきわめて詳細に記録していることは、広東の旅自体が特別な目的を持つものだったことを窺わせます。

邦訳すれば『黄金半島とその彼方』という魅惑的な表題を持つ旅行記 Isabella L.Bird（Mrs. Bishop）, *The Golden Chersonese and the Way Thither*, London, John Murray, 1883 の the Way Thither つまり彼方《かなた》とは、P・バーやE・ケー、O・チェックランドなどイザベラの伝記の作者でさえ無視していますが、英国から見た時の表現で、マレー半島の先、それ以東のことです。そしてその大半はこの二都市滞在の記録であり、その中で特異なのが、ミルトンの『失楽園』から採ったロマンチックな表題とは裏腹な、平面図さえ掲げての刑務所の詳述です。削除を求めたジョン・マレーの、ある意味でもっともな要求を断っての詳述でもありました。

しかも、『日本奥地紀行』の函館懲役場に関する部分で、その時点ではまだ訪れていなかった同刑務所のすさまじさを注記し、日本人と中国人のものの考え方の違いにまで言及しているのです（『完訳』第三十九報）。イザベラのこだわりは、パークスが六〇年に北京攻略戦での中国側との講和交渉後に捕えられて北京で三週間投獄され、鎖につながれて拷問にかけられ大部分が獄死する中で屈せず、恭親王《きょうしんのう》の処刑取り消しによって釈放されたという経験もあってのことと考えられます。イザベラがこの経験をパークスから聞いたことは、初対面の様子を記す『完訳』第二報で明らかです。

しかも、広東の旅の特異性は、香港滞在についても認められます。広東視察の旅から戻ったイザベラは、香港総督府に滞在し、総督ジョン・ポウプ・ヘネシー卿とともに病院を公式訪問したり、英国教会伝道協会《チャーチ・ミッショナリー・ソサエティ》（CMS）の南中国主教管区のバードン主教と刑務所を訪れたりしているのです。日本から香港に入った際にイザベラが滞在したのはバードン夫妻の許であり、種々の支援を受けて香港の諸相を見聞しているのですが、これは同主教がイザベラの日本の旅とも関わっており、そのことと結びつくものだったと考えられます（第四章参照）。

香港を離れる前日に裁判所長代理スノードンがマラッカ訪問を熱心に勧め、海峡植民地総督とその部下宛の紹介状を書いてくれたので計画になかったマレー半島を旅することにした、とイザベラが記しているのも、英国とのつながりの強さを示します。この記述は、中国を出る時点ではイザベラがゴードン＝カミングのスケッチに刺激されセイロン島を訪れるつもりだったのが、シンガポール総督W・ロビンソン卿の側近の強い勧めによって急遽マレー半島探検に変更すべくマラッカに向かったとするストダートの記述とは異なりますが、マレー半島の旅が現地の英国の要人の強い勧めによるものだったという点は同じです。そして、フランス汽船でサイゴン（現・ホーチミン）に立ち寄って七九年一月一九日にシンガポールに入った後の、五週間余りにわたるマレー半島西岸の旅は、次々と現地の英国人の要人や、植物と現地の事情に詳しいヒュー・ローの援助を受けたり、彼らの同行を得ながらのものでした。

宿も、マラッカのスタダイス（英国が接収した旧オランダ総督邸）をはじめ、原則は英国の公的な施設でした。フランスの汽船を利用したのも、フランスの植民地コーチシナの拠点サイゴンの状況を限られた時間の中で把握するためだったと考えられます。さらには、スノードンやシンガポール総督の側近がマラッカ訪問を熱心に勧めたのも、シンガポールが英国の海峡植民地の拠点になるまではオランダの植民地支配の拠点だったからです。イザベラが英国人の居留地を船で、いわば点的に訪れながら、時に象や馬などに乗って内陸部を訪れる形でマレー半島西岸を北上してペナンに至ったのは、これがマレー半島の状況を視察するのに最適の方法だったからです。

イザベラの旅が要人としてのかなり特権的なものだったことは、夫とともに現地に住み、イザベラと同道もし、イザベラの旅行記をもじった表題の本を書いたエミリー・イネスの指摘からもわかります（E. Innes, *The Chersonese with the Gilding Off*（『黄金の剝がれた半島』）, 2vols, London, Richard Bentley and Son, 1885）。英国との関係の強い旅だったという見方は、イザベラが、たとえばスルタンの招待を受け宮殿にイネスとともに訪れているように、マレー半島の伝統的イスラム社会にも関心を払っていることと矛盾しません。現地に存在するあらゆるものに関心を払う旅であり、旅行記である点こそはイザベラの特質であるからです。

マレー半島、とくにその西岸が、一八六九年のスエズ運河開通以後、とくに経済的な面で英国にとって一挙に重要性を増した地域だった点を無視してはこの旅は理解できません。また、その旅の記録『黄金半島とその彼方』には、このような旅の特質がみごとに反映されています。責務として行った日本の旅を成し遂げた達成感・安堵感や、マレー半島のエキゾチックな熱帯的植生なども あって、日本の旅よりも旅を楽しんでいる様子が窺えますが、英国・英国民にとっての関心のある地域の旅である点が肝腎です。日本の旅もそうでしたが、第Ⅱ期の旅の大きな目的だった海と山の新鮮な空気による健康回復のようなことは最早《もはや》目的ではなくなっています。

　二月二五日にマレー半島を離れ、セイロン島のコロンボ経由でカイロに向かったイザベラは、ここで腸チフスに罹《かか》りました。ですが、そのまま母国に戻ったわけではありません。向かったのはスエズ運河の東に横たわるシナイ半島です。そして四月初旬に砂漠に入るや、症状は顕在化し、喉の激痛や高熱、悪寒《おかん》に襲われたにもかかわらず、症状が一時的に回復した間隙をぬって旅を進め、高熱の再発とひどい鬱《うつ》状態に陥り、身体に悪い旅だとわかりながらも強い意志に支えられ、目的を達したのです（本章の冒頭でイザベラが父と同様、信念の人だったと記しましたが、そのことがよくわかる旅でした）。

　その目的とは、モーゼが十戒《じっかい》を授けられた聖なる山シナイ山（二二八五メートル）を訪れることでした。牧師だった父の遺志を継ぐかのように、劣悪な健康状態に苦しみながらも賛美歌などについての作品を書き継ぎ、『レジャーアワー』の読者の聖書とキリスト教の歴史への関心を育んだ者として（前述）、シナイ山をこの目で見、その山頂に立つことは、スエズ運河を初めて通るこの機会に何としてでも達成せねばならないことだったのです。イザベラは、日本の旅の終わりに近い時点でシナイ山に言及しており（『完訳』第五十八報）、日本の旅を計画した当初からシナイ山登頂を考えていたのです。山麓の聖カタリナ修道院を訪れただけでなく、シナイ山に登り、山頂で『旧約聖書』の「出エジプト記」を繰り返し読み、最後に、『新約聖書』の「ヘブライ人への手紙」第一二章の最後の一節を灯火の下で読んだ時、「わたしたちの神は焼き尽くす火です」という言葉が、キリストが磔《はりつけ》にされたエルサレムのカルヴァリ（ゴルコタの丘）よりこのシナイ山においてよりよく実感できた、と書いています。『レジャーアワー』（一八八六年）に五回連載された旅行記を締めくくるこの一文は、二〇年前の同誌へのキリスト教に関する連作とみごとに呼応しています。

ストダートは、この旅が旅人としてのイザベラの精神力を絶大なものにしたと記し、書物執筆のねらいがこの旅を機により気高く、視野もより広くなり、力強さを増したと評していますが、私には、この指摘はこの時イザベラが神の摂理を感得したことと結びつくと思われます。オークランドからホノルルに向かった時に、海神を感得し、力を得たように。

激変する身辺——妹の死、『日本奥地紀行』の出版、結婚と夫の死

念願を果たしたイザベラはエジプトの灼熱と砂ぼこりを嫌い、一八日間の旅を終えてエジプトを離れ、リヴァプールに向け帰国の途につきました。風邪をひき胸間神経痛に罹ったこともあって、帰国時にはすぐにマル島に戻ることができないほどに衰弱していました。対岸のオーバンで長く静養し、妹ヘンリエッタが待つトーバモーリの我が家に辿り着いたのは五月二七日（一八七九年）です。六月一六日の時点でもまだ杖をついて三〇〇メートルほどしか歩けない状態でした。ただこの頃には、姉の一年ぶりの帰宅によってすっかり元気になった妹と、日に五

時間も仕事に費やす生活を始めていました。

　出版の準備を始めていたE・リード卿（海軍省の招待で七九年一月にイザベラと入れ替わるように来日し旅した下院議員）の日本に関する書物（Sir Edward J. Reed, *Japan: Its History, Traditions, and Religions. With the Narrative of a Visit in 1879*（『日本――その歴史・伝統・宗教と一八七九年の訪問記録』）, 2vols, London, John Murray, 1880）と時期が重なるのを避けたいジョン・マレー三世からは、『日本奥地紀行』の少しでも早い出版を望む連絡がありました。さらに、『レジャーアワー』に連載されて好評を博した「ロッキー山脈便り」の出版を待ち望む声が高かったことも、イザベラを仕事に向かわせる力となりました。トーバモーリの自宅に帰る前の四月二九日付のマレーへの手紙で、ハワイの旅行記と同分量で同スタイルの約三四五頁相当の草稿をマレーに送るとし、「まえがき」と「序章」はまだであり、蝦夷も次回にと記していますので、帰宅後は、この時に送った、後の第一巻の「まえがき」と「序章」を除く部分以外の原稿のとりまとめを行ったことがわかります。その一方、日本から持ち帰ったものを手紙でレディ・ミドゥルトンに紹介したり、九月初旬にはウェスター・ロスのアップル・クロスに住む同夫妻を訪ねて三週間滞在したりと、密接に行き来しました。このことは同夫人が日本の旅の実現に大切な役割を果たしたという私の指摘に符合します。

　こうして健康も徐々に回復し、全体としては幸せな四カ月を妹と過ごしたイザベラでしたが、この年の一一月以降は、不幸な出来事が続きました。日本で尽くしてくれたパークス公使の妻レディ・パークスの死去。ロッキー山脈の旅行記が版を重ね、「もう読んだ？」が挨拶の言葉にまでなる一方での、旅で着ていたハワイの乗馬服が男物だったと記した『タイムズ』などの書評者の軽率な誤り（第二版の序文で指摘）。さらには、ほぼ完成していた日本の旅行記の出版時期を国内政治情勢のためにマレーが延期するという出来事に見舞われたことです。そして八〇年六月四日には、三月末から体調を崩していた四五歳の妹ヘンリエッタが腸チフスで天に召されるという悲劇にも襲われました。

両親の教育もあり、幼い時から互いの長所を生かし補い合うことによって生きてきたイザベラにとって、妹は「自分のすべてであり」、いわば分身でしたから、その衝撃は、父や母の死にもまして深く大きいものでした。手紙形式で書いた日誌的記録を書物にするにあたっても、彼女の編集者的作業が、イザベラ自身認めているように、不可欠だったのです。ですから、妹の援助なしで本をまとめあげられるだろうかとの危惧もありました。妹の死後の最初の著作『黄金半島とその彼方』が、妹のこのような貢献を明記して捧げたハワイとロッキー山脈の旅行記と同様、妹に惜別の情を込めて捧げられたのは、当然でした。

母の没後、妹と避暑に出かけたことのあるスイス東南部のトゥースィスで八～九月の六週間を二人の知人と過ごしたイザベラは、そこで健康の回復と、本文は妹の生前中に書き上げていた日本の旅行記の原注の執筆に努めました。その結果一〇月にはようやく日本の旅行記が出版されましたが、送られてきたこの本の包みを開く気にもなれなかったといいます。イザベラの失意の深さが窺えます。

このような気持ちから脱却したのは一一月半ばでした。『日本奥地紀行』が一カ月で三版まで版を重ね、『クウォータリーレビュー』『エディンバラレビュー』『ネイチャー』『セントジェームズガゼット』『スコッツマン』『アテナイオン』などで絶賛され、ロッキー山脈の旅行記に比べ、単調でつまらないと評されないかと不安だったのが杞憂《きゆう》に過ぎなかったことに安堵したのです。『ネイチャー』などがアイヌに関する記述を高く評価したことにもまして彼女を喜ばせ元気づけたのは、R・オールコック卿が『クウォータリーレビュー』において彼女の旅行記を高く評価してくれたこと、とりわけ結論をなす最終章、すなわち「日本の国政」を評価したことでした。それは、名著『大君の都』の著者オールコックこそはこの二つの旅行記を判断するのに最適の人物であり、その人物が、彼女が三度も書き直して本書の結論とした内容を評価したからです。E・リード卿の日本に関する前記の書物の影響でまったく評価されなくなるのではとの恐れを抱いていたのが、勝利を収めたのがイザベラであることをマレー三世もパークスも認め、祝福しましたし、サトウの評価も同じでした。これらのこととオールコックの高い評価は対応するものでした（この旅行記の成功を女性旅行家としての勝利だとイザベラが認識したのは、重要な公人として訪日したリードとその書物を念頭に置いてだったと考えられます。ですから、いっそう、イザベラの日本の旅とその成果としての旅行記は従来考えられてきているような私的なものではない、ということになります）。マレーや、ブラッキー夫人への手紙には彼女の喜びの気持ちがあふれています。

そのイザベラは、ヘンリエッタの死から九カ月後の八一年三月、四九歳で一〇歳年下の医師ジョン・ビショップと結婚しました。妹の死が決定的な理由になっての結婚でした。そして、ジョンが彼女の自由を縛らないことが結婚の条件だったこともあって、一人でトーバモーリの別宅との間を頻繁に行き来したり、イタリアにさえ出かけるという、結婚前と変わらない自由な移動もできる生活でした。同年九月には、カラカウア王の来訪を受けてメダルを拝受し、翌八二年にはそれを証す賞状が届くとか、日本の旅行記のドイツ語版が早くも出版されるというれしいことがあり、それらにも力を得て『黄金半島とその彼方』の執筆を進めました。しかし結婚式にさえ喪服で臨んだイザベラの、妹を失った悲しみは癒えきらず、鬱状態から完全には脱却できませんでした。

その上、八二年末には早くも、ジョンが、患者への輸血のせいで一年前に発症し一旦は治っていた病原菌性の病の再発に見舞われました。そして、八三年春以後は南フランスや北イタリアなどでの療養を重ねるようになり、最後には、ジョンの恩師で、イザベラ自身も八五年六月に全身麻酔による脊椎手術を受けたことのあったJ・リスターによる輸血治療を受けたものの、成功せずに悪性貧血が進行し、異境の地カンヌで亡くなってしまいました。五度目の結婚記念日の直前の八六年三月六日のことでした。

アイルランドの旅——第Ⅳ期の旅の序奏

愛する妹に次いで夫までも失ったイザベラを再び救ったのは旅でした。ですが、これまでとは違い、旅を勧めたのは医師でなく、ジョン・マレーでした。勧めたというよりも依頼したのです。旅だけがイザベラを立ち直らせ、旅行家・旅行作家としての能力を再び発揮させることになると見抜き、そうなれば出版者としても喜ばしいと考えてのことだったに違いありません。

出かけたのは、三〇年前に宗教復興運動の見聞のために三週間旅したことのあるアイルランドです（四三頁参照）。この旅の成果はジョン・マレー社の雑誌『マレーズマガジン』に三回連載されただけだったので、ほとんど知られてきていませんが、非常に重要な旅でした。この成功が、他者の追随を許さない旅を次々と生む再出発の旅になったのです。

ではなぜアイルランドだったのか。答えは、当時英国に併合されていたアイルランドが土地改革に端を発した社会不安に満ちており、その下での庶民のものの考えやナショナリズムを旅を通して明らかにすることが、英国の政策とも関係するだけに、マレーの関心を惹いたのです。

八七年一二月初旬にアイルランド民族主義に基づくナショナリスト政党の人と会い、マレー夫妻と会食した翌一六日にダブリンに向かったイザベラは、一カ月にわたってアイルランド南半を精力的に旅し、ルポルタージュ的にして持ち前の風景描写も鮮やかな報告を残しました。「旅が健康状態の大いなる回復に与《あずか》ったことも実感できました」とマレーへの書簡に書いていますが、このことは彼女だけでなくマレーの喜びにもなったに違いありません。

こうして、アジアをまたぐ七八～七九年の旅から八年ぶりとなったこの旅の成功がきっかけになって、イザベラの「海外の旅」の第Ⅳ期が始まります（これも含め、以後の旅は、社会的緊張のある世界への旅です）。スイスやフランス、北イタリアなどへは避暑や夫ジョンの療養などで出かけていますが、これは、彼女自身がそう考えていたように、調査して旅行記を執筆する旅ではありませんでした。

小《レッサー》チベット、ペルシャ・クルディスタンの旅――第Ⅳ期の旅

アイルランドの旅から一年後の一八八八年末、イザベラは一六年前のオーストラリアへの旅の用意万端を整えてくれたN・ダンロップとインドへの航海の準備に着手したのち、身辺の整理を、エディンバラでも、妹の死後第三の生活拠点としたロンドンでも完全にすませ、八九年二月一五日に母国を離れました。船は無料でした。また身辺整理は、旅が長期に及ぶことにもまして危険を伴う旅になることを見越してのものでした。すべての身寄りを失った彼女にとって、身辺を整理することは海外の旅の間に案じるものが故国にないことを意味し、激しい旅を生む力になったのです。

向かった先は小《レッサー》チベット。ヒマラヤの一角です。が、旅はここだけの旅ではなく、今日のイラク（当時はオスマン・トルコ東南部）経由でペルシャに入ってザグロス山脈を縦断した後、ク

ルディスタンと呼ばれるトルコ東部の山岳地域を抜けて黒海沿岸のトレビゾンド（現・トラブゾン）に出る四〇〇〇キロもの旅でした。帰国は九〇年一二月二六日。丸二年近い旅となりました。

このうち、カラチからパンジャブのラホールを経てカシミールに入った後の四カ月にわたる小チベット（ラダック）の旅は、高度三〇〇〇メートル以上の山岳地帯を愛馬ギャルポやヤクで進み、五五〇〇メートル近い峠さえ越えるまさに冒険の旅でした。が、留意すべきは、単なる冒険の旅ではなく、チベット人の世界の諸相を見聞する旅でもあり、しかも、その前にスリナガルにジョン・ビショップ記念病院を、その後にアムリッツァーに近いビアスにヘンリエッタ記念病院を建設するという目的も果たす旅でもあったことです。

海外医療伝道活動に強い関心を抱き、聖地パレスチナのナザレに伝道病院を作りたかったもののオスマン・トルコ政府の許可が得られずに実現しなかった夫ジョンの夢を果たすことは、この旅の一大目的でした。イザベラは夫の没後の八七年にロンドンのセントメアリー病院で看護婦の訓練を受け、技術を習得する（一〇八頁図C参照）とともに、八八年二月にはバプティスト派の著名な説教者、伝道者C・H・スポルジョンによって浸礼《しんれい》を受けています。これらは、第Ⅳ期・第Ⅴ期の旅が海外医療伝道活動を支援する行動やこの活動への関心を無視しては考えられないことと結びついています。医学知識と看護技術は異教徒の世界の旅にあって重要な武器になりましたし、キリスト教文明の力を示すことにもなりました。

他方、ペルシャ・クルディスタンの旅は、高度への挑戦という意味では小チベットの旅ほどではないとはいえ、とくに厳冬のザグロス山脈やクルディスタンの旅は、夏の小チベットへの旅にもまして「すさまじき旅」でした。拳銃を身につけていたことが示すように、危険と冒険性に満ちたものでした。この旅は、イスラムという異教の世界と、そこに住むネストリウス派キリスト教徒の実像をとらえるものでもありましたが、見落としてならないのは、このうちバグダッドからテヘランに至り、イスファハーンを経由してザグロス山脈を縦断し、ボルージェルドに至るまでの二五〇〇キロの旅が、ペルシャの軍事地理的調査の特命を受けていたインド情報局主計総監補ソイヤー少佐とともに行ったキャラバンの旅だったということです。

ボルージェルドから先、黒海沿岸のトレビゾンドまでは、従者を伴い、英国に関わるさまざまな人のつながりを生かしていく、イザベラの通常の旅になりますが、一六〇〇キロに及ぶこの旅は、身の危険や背中の痛み、厳寒などを考慮すると、キャラバンを組織しての旅の成功あってこその旅でもありました。

ソイヤー少佐と出会って打ち合わせをしたのはインドのシムラであり、この意味でも、小チベットとペルシャ・クルディスタンの旅が一連の旅としてあったという認識が必要です。ペルシャの旅は、ペルシャを戦略的に重視し、中央アジアの覇権を巡ってロシアとの間にいわゆるグレート・ゲームを展開していた英国という国家と直接結びついていたのです。さらに、この点では、北西インドの戦略的重要性も明らかですから、小チベットの旅もグレート・ゲーム下の旅だったと言えます。こう考える時、空間的に離れた二つの旅は一つのものとしてあったととらえられます。

　イザベラが五五〇〇メートル近い峠を越え、ヌブラ川とシャヨク川の河谷《かこく》さらにはカラコルム峠に至ったのも、このような事情が一因になっていた可能性が高いと私は考えます。イザベラが分水嶺を越え、ヒマラヤからカラコルムに入った時、「中央アジア」を認識したと記していることはこの点で興味をそそります。夫ジョンが結婚にあたって、「旅する必要が生じた時には貴女をおびき寄せるその地がどんなに地の果てであれ、その旅を認めるよ」とイザベラに約束しており、また「僕には一つだけイザベラの心に巣くうライバルがいる。それは中央アジアの高原《ハイ・テーブルランド》」と言うのがジョンの口癖になっていた（ストダート）こととも呼応します。

　以上のことに関わって、九年ぶりとなるこの海外への旅の準備を終えた時点で、「大変多くの人々に出会い、大変多くの公的助言と政府の援助を受けることなくして、この旅の成功はない」とイザベラが書簡の中で記していることが注目されます。この旅の特質を如実に表しており、本書でこれまで私が示してきた、それ以前のイザベラの旅の特質とも結びつき、さらにそれを進めたものであることがわかるからです。

　そしてこの記述は、彼女がカラチへの航海の途中で読むために集めた本の中に、ペルシャに関するデューラフア夫人の旅行記（Madame Jane Dieulafoy, *La Perse, la Chaldée et la Susiane*（『ペルシャ、カルデア、スーシアナ』）, Paris, Librairie Hachette et Cie., 1887）や、チベットに関する一冊の青書《ブルーブック》すなわち政府報告書があったという事実と、それらの本をイザベラのために確保したのがエドウィン・アーノルド卿だったという二つの事実（ストダート）によって、いっそう注目されます。同卿が、インドに通じたジャーナリスト、東洋学者で、長編詩 *The Light of Asia*（『アジアの光』）, 1879 で知られナイト爵を叙された要人で、イザベラが旅を開始した八九年末には日本に住まいを構え、福沢諭吉の交誼《こうぎ》を得、チェンバレンらとも交わった人物であるからだけではありません。九五年か九六年の夏にはイザベラが、すでに離日していたと思われるのにその住まいを同卿の邸宅として写真に収めており、二人の何らかの関わりは八八年以後にも継続していたからです（『極東の旅２』参照）。

ソイヤー少佐とのペルシャの旅が軍事地理的調査であったことによって、写真撮影を行う機会が生まれたことも重要でした。この旅から生まれた Mrs. Bishop（Isabella L. Bird）, *Journeys in Persia and Kurdistan: Including a Summer in the Upper Karun Region and a Visit to the Nestorian Rayahs*（『ペルシャ・クルディスタン紀行――カルン川上流域でのひと夏とトルコのキリスト教徒探訪』）, 2vols, London, John Murray, 1891 には一切写真は入っておらず銅版画だけですが、ボルージェルドで少佐と別れて以後の一六〇〇キロの旅では写真機がなく、既存の写真からの銅版画によらざるを得なかったためにそれと整合させたということ以前に、軍事的な関係で写真の掲載を避けたことによると考えられます（情報収集絡みのデューラフア夫人も撮影写真でなくそれを版画にして収めています）。実際には写真を大きなアルバムにして残していました（三四頁の金坂論文参照）し、王立スコットランド地理学協会、王立地理学協会や英国学術協会《ブリティッシュ・アソシエーション》での口頭発表に基づく論文でも写真を用いており、第V期の旅では写真を大きな武器として活用するからです。なおソイヤーを書物の中で名を伏せ、少佐 major の頭文字をとってMとのみ表記しているのも、このような旅の性格によることは明らかです。彼も王立地理学協会でこの調査について後年口頭発表し論文にしていますが、イザベラが同道したことについては一切触れていません。

この第Ⅳ期の旅はイザベラに旅行家としての最高の栄誉を与えることになった旅でした。それは、この旅を通じてこそ得られた情報が大英帝国の政治・宗教・学問の世界に生きる人々にとって最高にして最新の情報だったからです。

最高の女性旅行家としての評価と講演活動

一八九〇年一二月二六日に一年一〇カ月ぶりに母国の土を踏むや、ただちに代表的総合誌『コンテンポラリーレビュー』に二回連載で論文を発表した彼女に首相E・W・グラッドストーン以下政界の要人たちが話を求めたのは当然でした。称賛は宗教界はもちろん、地理学という、探検を男のものだと位置づけてきた学問の世界にも及びました。

時の人となったイザベラすなわちビショップ夫人は、女性としてはまだ珍しかった講演活動も精力的に展開していきました。多忙な日々をぬって、初めてとなるルートマップの作製にも腐心して出版した旅行記『ペルシャ・クルディスタン紀行』が帰国一年後の九一年のクリスマスに出版されて大評判を得る直前には、王立スコットランド地理学協会の特別会員（FRSGS）に選出されました。そして一年後にはこの選出に慌《あわ》てたロンドンの王立地理学協会も、初の女性特別会員（FRGS）として彼女を選出しました。彼女一人でなく一五人の女性のうちの一人としての選出でしたが、彼女のこの偉業がなかったら、そして彼女をライバルのスコットランド地理学協会が特別会員に選出しなかったら、起こらなかったであろうことは、女性特別会員の選出が、帰国したG・N・カーゾン卿らの反対で今回限りのこととして決着したことからわかります（カーゾンもさすがにイザベラ自身の業績が偉大なものであるとは認め、真にすぐれた女性の入会には反対ではないとも言明していました）。このことは、風刺雑誌『パンチ』が九三年六月一〇日付の号で取り上げた社会的事件でした。FRGSの肩書きは、政治家・軍人などとともに同協会の重要なメンバーを構成していた旅行家・探検家としての最高の栄誉だったのです。イザベラが同協会のこのような決着を反動的だと批判したものの、それ以後の書物にこの肩書きを記したのは、肩書きを記すことが慣例になっていたこととともに、これが最高の旅行家であることの証になったからです。当時は、旅行記・探検記や地図が地理学の雑誌において非常に重要な位置を占める時代でもありました。しかもイザベラの旅行記には、風景だけでなく、旅する地域の宗教・伝道活動・文化・民族・社会・紛争、そのほか実に多彩なテーマが、彼女自身の率直な見解も織り込んで鮮やかに描き出されていますから、世の中の幅広い評判を呼びました。九三年のヴィクトリア女王拝謁はこのような事績を象徴するものでした。

冒険性や地理学・人類学に関わるテーマ以上に彼女が講演で力を注いだテーマが海外伝道活動であったことを忘れてはなりません。むしろ、後者が前者と不可分に結びついていたところが肝要です。九三年一一月にロンドンのエクセターホールで開催されたグリーナーズ・ユニオンの記念祭（年次総会）でイザベラが行った講演「異教徒の要求とキリスト教徒の務め」は、まず単独で印刷・配布され、翌月にはスポルジョン（八八頁参照）の説教と合冊して五〇頁の小冊子にして出版され、さらに翌九四年にはアメリカでも一六頁の小冊子として複数の組織から刊行され、それらには、大英帝国内ですでに一〇万部以上流布したと記されています（『極東の旅2』解説参照）。かくして、イザベラは高名なる旅行家としてヴィクトリア女王に捧げたこの講演によって、最も偉大な伝道擁護者の一人だと広言されたのです。その販売利益は英国教会伝道協会（一七九九年に英国教会によって設立されたアジアとアフリカでの伝道のための組織）に入ってその活動資金の一部にもなりました。

注目すべきことはそれだけではありません。右の合冊出版を行ったのが中国内陸宣教会（一八六五年にH・テイラーによって設立された教派・国籍を超えた伝道組織）であり、この出版の二カ月後にはイザベラが中国を含む極東への旅に出発し、しかも、中国の旅は同伝道協会と深いつながりと支援をもって初めて成し得た旅だったのです。第Ⅳ期と第Ⅴ期の間には四年の歳月の隔たりがありますが、二つの旅はこの間の活動によって完全につながっていたのです（『極東の旅2』解説参照）。

『ペルシャ・クルディスタン紀行』出版のほぼ一年後（九三年二月～九月）には『レジャーアワー』に小チベットの旅行記を五回にわたって連載し、この連作は翌九四年に入ってまもなく*Among the Tibetans*（『チベット人の中にて』）として、同誌を刊行する宗教冊子協会《リリジャス・トラクト・ソサエティ》から出版されたのですが、このことにも意味があります。一つには、これによって第Ⅳ期の旅の成果をすべて形あるものにできたからです。が、それだけではありません。次の極東への旅においてチベット世界の東端、梭磨土司《スウオモどし》の領域を訪れ、立ち入ることのできなかったチベット本体の東西両端を押さえるという目的を果たすためにも、先の旅の成果を形にしておくのがよかったのです。

極東の旅の準備として、多忙にもかかわらず九二年六月にロンドンで写真の勉強を開始し、翌年四月でも自ら撮影した写真の焼付技術を学んでいた（ストダート）ことも記しておかねばなりません。

激動する極東での三年――第Ⅴ期の旅

必ずしも健康に恵まれていたわけでもなく、苦難に立ち向かうには歳をとり過ぎていると感じつつも、イザベラは、一八九四年一月、極東に旅立ちました。朝鮮・ロシア領満州（沿海州）と中国を旅するためでした（その間の日本の滞在は都合一年弱にもなりますが、日本は基本的には、これら旅する地域、いわば彼方《かなた》の世界を旅するための、英国に代わる「此方《こなた》の世界」のベースキャンプとしての場所でした）。三年以上にも及ぶことになったこの旅は、ペルシャ・クルディスタンの旅と同様、旅先で死を迎える可能性をも想定してのものでした。

ではなぜ極東だったのでしょうか。それは何よりも、日清戦争（一八九四年七月〜九五年四月）前の極東が世界で最も注目を集める地域であったと同時に、ロシアとの間にグレート・ゲームを展開していた関係もあって、いっそう英国、英国人としても注視すべき地域だったからです。その激動の舞台である朝鮮半島および、日本と対峙する中国（大清帝国）の諸相を、これまで同様、旅を通して明らかにすることに大きな意味があったのです。しかも中国は、英国教会伝道協会の海外でのキリスト教伝道活動の舞台としても、アジアにあってはきわめて重要でした。

大西洋・アメリカ大陸経由でバンクーヴァーに至り、日本を経由して一気に釜山経由でソウルの英国領事館に入り、小舟による漢江《ハンガン》流域の旅を開始して以後のイザベラの三年に及ぶ移動の軌跡を辿りますと、広大な地域にまたがる長期の旅を実にみごとに重ねていったことがわかります。風雲急を告げる状況や困難、妨害などに対して、勇気と適切な判断をもって対処し、領事や主教その他伝道に関わっている多数の英国人はもちろん、駐清ロシア代理公使K・I・ウェーベルやロシア軍兵士の援助・支援さえ受けたり、また、李氏朝鮮の王である高宗・閔妃《みんび》夫妻との会談を彼らの要請も受けて何度も行ったりしながらの旅でした（『中国奥地紀行2』『極東の旅2』解説参照）。

身の丈一五〇センチの病を抱えた老女、未亡人にして世界的旅行家であるという属性、つまり頑強な男性の対極をなす属性をいわば逆手にとって十二分に生かすことによって成就できた旅でした。しかも、極東の旅のうち Mrs. Bishop (Isabella L. Bird), *Korea & Her Neighbours: A Narrative of Travel, with an Account of the Recent Vicissitudes and Present Position of the Country*（『朝鮮とその隣国――この国の近年の変転と現状の報告を含む旅行記』。朴尚得訳『朝鮮奥地紀行1・2』、平凡社東洋文庫、一九九三、九四）, London, John Murray, 1898 に結実するこの旅は、実は、旅先からロンドンの新聞社に定期的に現地報告を送る目的・用務を持っていました（金坂清則編訳『イザベラ・バード極東の旅2』）。日清戦争とその後の朝鮮半島の諸相をいわばジャーナリストとして掌握し、母国に伝える旅だったのです。

ただイザベラの真のすごさは、徳州《トクチョン》に至る朝鮮半島北部の旅によってこのようなジャーナリスティックな旅を終え、一大目的を果たした後に揚子江流域とその奥地への旅を行い、これを四〇年以上に及ぶ自分の旅の歴程を締めくくる旅にしようと考えたことです。この旅こそは第Ⅳ期の旅とその後の活動によって女性旅行家の第一人者であるのみならず、それを超える存在になったイザベラにとって、何よりも成就せねばならない旅だったのです。

その旅には二つの目的がありました。前半の旅は、英国教会伝道協会がアジアにおける伝道の最重要地域と位置づけていた中国での主要舞台だった揚子江流域、とくに保寧府《ほねいふ》（現・閬中）を中心とする四川省における同協会と中国内陸宣教会（内地会）の活動を視察し支援するミッショナリーツアーでした。これに対して後半は、この舞台の西に広がる、第Ⅱ期の旅以来の辺境や少数民族への関心と合わせて第Ⅱ期や第Ⅳ期の旅で楽しんだ「高度への挑戦」をも満たす旅でした。

このことは、旅の記録（Mrs. J. F. Bishop (Isabella L. Bird), *The Yangtze Valley and Beyond: An Account of Journeys in China, Chiefly in the Province of Sze Chuan and among the Man-tze of the Somo Territory*（『揚子江流域とその奥地――四川省と蛮子《マンツ》が住む梭磨宣慰司領を主とする中国の旅の報告』。金坂清則訳『中国奥地紀行1・2』、平凡社東洋文庫、二〇一二。平凡社ライブラリー、二〇一三、一四）, London, John Murray, 1899）を見れば明らかです。

いずれの旅にあっても、それまでで最も激しい妨害や危害を再三受けながらも、それを成し遂げることができたのは、もちろん中国国内の自由な移動が認められている領事待遇のパスポート（護照《ごしょう》）を取得していたからであり、その意味でこの旅は、英国という国家の力の存在を明確に認識して初めてとらえられる旅だったことを忘れてはなりません。ですが、それだけではなく、目標達成への強固な信念と困難に立ち向かっていくすさまじい気力、それを具現する旅する能力や、生まれながらの旅人であると自任しそれを喜びとするイザベラの資質あってのものだったのであり、その旅を基にした作品を一貫した論理を持ち、国家論・中国論として結ぶ作品にしたところに、イザベラをして史上屈指の女性旅行家と評しうるものがあると私は考えます。

しかも、この旅は、写真撮影の駆使によって旅の記録の仕方と旅行記に新境地を開くという、第Ⅳ期の旅以後本格的に勉強した成果を、朝鮮の旅よりもいっそう徹底して実践した旅としても重要でした（『中国奥地紀行2』解説参照）。この旅はプロフェッショナルな旅行家としての、また、アジアの最高の旅行家としてのイザベラのクライマックスを飾る旅であり、彼女自身そう認識していたと考えられます。日本滞在中の九六年に作成した写真集 *Views in the Far East*（『極東の風景』）, Tokyo, Colotyped by S. Kajima は、元来は保寧府の医療伝道会のために単写真として売るための六〇枚の写真を自家本としてまとめたものです（『極東の旅1』参照）。

その後の活動とモロッコの旅――第Ⅵ期の旅

三年二カ月という日々は「非日常」というにはあまりにも長過ぎ、その意味でこの日々はイザベラによって一瞬一瞬を極東に生きた「日常」でした。英国の拠点だったコロンボ・マルタを経て、一八九七年三月一九日、ロンドンに戻った日の日記に「神の恵みによりし燃えるがごとき三年と二カ月」と記したイザベラは、以後、この旅の成果のとりまとめ、すなわち著書や論文の執筆や講演のために、精力的な活動を展開していきました。

講演のテーマには地理学や人類学に関わるものと、伝道活動に関わるものとの両方がありました。第Ⅳ期の旅のあとと同じです。また著書としては『朝鮮とその隣国』を帰国の一〇カ月後に刊行したのに続いて、その一年半後には、執筆に専念するため、途中で住まいをロンドンから、父が天国に旅立ったウィトンに移して執筆した、『揚子江流域とその奥地』（『中国奥地紀行』）を刊行しました。

そしてその翌一九〇〇年末には、写真集*Chinese Pictures, Notes on Photographs Made in China*（『中国写真集――中国で制作した写真の覚書』), London, Paris, New York & Melbourne, Cassel and Co., Ltd. と、第一章で紹介した『新版 日本奥地紀行』の刊行を見届けるかのごとくにモロッコへと旅立ちました。これまでとまったく同じで、直前の旅の成果をすべて公表し終えた上での新しい旅の開始でした。また第二章の冒頭で述べたように、この旅は元々はアーネスト・サトウの誘いにより中国の旅とセットで計画したのを、健康の都合でモロッコの旅だけにしたのですが、留意すべきは、モロッコが自分のかつての任地だったという理由だけで誘ったのではないということです。すなわち、この国が、彼女の表現によるとスルタンが国全体の統治力を失った「瀕死の国」であり、フランスやスペインとともに英国も地政学的関心を持つ国だったことがモロッコの旅の理由であると考えられるのです。すなわち第Ⅲ期、少なくとも第Ⅳ期以後の旅の世界に似た地域であったことが、サトウをしてモロッコと中国の旅をイザベラに託したと推測されます。

元旦に上陸したサトウの昔の赴任地タンジールですぐに病に倒れながらも、伝道病院の医師ロバーツのおかげで立ち直り、以後、四カ月にわたり、マザガンや当時モロッコシティと称された南の首都マラケシュ、北の首都フェス、ワッザーン、ダール・アル・バイダ（現・カサブランカ）はおろか、スルタンの力の及ばないアトラス山脈のベルベル人の世界（現在のアルジェリア）にまで訪れる一六〇〇キロの馬やラバ・ラクダの旅を敢行し、この国の諸地域の政治・経済や文化などの諸相を鋭い観察でとらえ、彼女らしく、批判も伴った率直な考えも披露し、写真も撮影しました。旅行記の出版を求めるジョン・マレー四世の依頼は断り、視察報告的な作品を『マンスリーレビュー』と『レジャーアワー』『デイリークロニクル』に書いただけですが、旅自体は、若きスルタン・アブダルアズィズに最初のヨーロッパ女性として拝謁したり、ハーレムや監獄を視察するなど、これまでの旅と同様、現地の英国人（スルタン軍の参謀だったマクリーン卿やサマーズなど）の援助を得ながらの精力的なものでした。

晩年のイザベラと天国への旅

そしてモロッコから帰国し、『マンスリーレビュー』に論文を書いた直後からは、一三カ月間にハートフォードハーストの自宅にいたのがわずか一晩という信じがたい勢いで、中国や新生日本、モロッコ、とりわけ伝道支援活動に関する講演活動を「社会活動《パブリック・ワーク》」として展開し、旅を重ねました。『レジャーアワー』にも執筆しました。それは、列車で右手親指を大怪我するという事故にも負《め》げずに、また「冒険的な冬の旅」を敢行しながらでした。イザベラの強い精神力は、一九〇二年三月に自宅に戻るやインフルエンザに罹って二週間寝込んだにもかかわらず、四月七日には写真の勉強のためにロンドンに出向き、一〇日にはその西のエガムで伝道活動に関する講演を病を押して行ったことからも痛感されます。また、しばしば病に侵されながらも、撮影した写真を焼き付け、引き伸ばして保寧府に伝道活動支援のために送ったこと、そして翌〇三年七月にも伝道活動に関する講演を英国教会伝道協会の帰還女性宣教師などに向けて行っていることも、同様です。

しかし、〇三年八月末にエディンバラに戻って、かつて夫のジョンと過ごした家のすぐ西のナーシングホームに入った時点ではまだ「頭は冴えている」と思っていたイザベラではありましたが、心臓病に侵された身体は、住まいを何度も替えることによって一時的によくなりはしたものの、次第に弱っていました。そして七三歳の誕生日が目前の一九〇四年一〇月七日午後〇時五分、ジョンと過ごした家に近いメルヴィルストリート一八番地で天国に旅立ちました。「ああ！ 大騒ぎになることでしょう！」と言って。

エディンバラに戻って以後、病に臥《ふ》すイザベラを次々と見舞いにやってくる人々の多さと多彩さは、両親の生き方に従い、人のつながりを大切にしてきたイザベラの生きざまを彷彿させますが、私はその中に、ウォルター・ヒリアー卿とケズウィック夫人の名を認め、驚くとともに納得もしました。ヒリアー卿とは、在ソウル英国総領事としてイザベラを支援し彼女の朝鮮半島の旅を支えた第一人者だっただけでなく、『朝鮮とその隣国』の序文をイザベラの依頼によって執筆して高く評価し、とりわけキリスト教伝道活動に力点を置いて論述した人物であり、退任後も一九〇一年四月まで北京の英国公使館にあって軍事・政治の専門家としての要職を、着任間もない清国駐箚特命全権公使アーネスト・サトウの下で務めていた人物です。他方、ケズウィック夫人とはパークス卿の次女です。イザベラと彼女とのつながりは父パークスが世を去った一八八五年以後も続いていたのです。

イザベラの旅の生涯を支えたもの

アジア、とりわけ東洋の旅の意義を日本の旅に始まる第Ⅲ期の旅で発見して以降、時間的にも空間的にも一つのつながりをもって四半世紀にわたって旅を展開していったイザベラの持続力は、個々の旅の内実も考慮する時、みごとというほかありません。第Ⅱ期の旅が始まった四〇歳以降の三二年間のうち、海外の旅は私の計算では延べ八年以上にも及んでいます。しかもこの間も、旅にまつわる著書・作品《ペーパー》の執筆や講演、種々の社会活動を実践し、それに関わって国内も頻繁に旅しています。出版から得た多額の印税は旅の資金となったのみならず、膨大な資産の一部にもなりました。まさに旅あってこその人生でした。

彼女がジョン・マレー社から出版した書物八種類の印税収入だけでも同社の出版台帳から積算していくと四五三八ポンドになります（三四頁の金坂論文参照）。しかも、これらの書物のほとんどがパットナム社からも出版されたり、ほかの出版社からの印税、雑誌収載作品などの執筆による原稿収入、さらには講演による収入もあったと考えられるからです。

他方、一万八四〇〇ポンドにものぼる彼女の遺産のうち三四人の個人宛の一万一〇〇〇ポンドを除く八三〇〇ポンドの内訳からは、彼女の海外伝道、とくに医療伝道活動への強い思いが明確にわかります。すなわち、三つの海外医療伝道組織に二八〇〇ポンド、自ら建設などした四病院の永久基金として三組織に二五〇〇ポンド、英国教会伝道協会に一〇〇〇ポンドが贈られているのです。イザベラが最も偉大な伝道擁護者の一人だと評される基になった講演でイザベラは、第Ⅳ期の旅を踏まえて伝道活動の重要性を訴え、それを自ら実践するかのごとくに極東へと旅だったのですが、このような内訳は、彼女がまさにその主張の実践者だったことを示しています。このような事実は、O・チェックランドのように、イザベラをフェミニストの先駆者と位置づけ特色づける考え方（*Isabella Bird and 'A Woman's Right to Do What She can do Well'*（『イザベラ・バードと女性が成し得ることを行う女性の権利』。川勝貴美訳『イザベラ・バード　旅の生涯』日本経済評論社、一九九五），Aberdeen, Scottish Cultural Press, 1996 が正鵠を射たものではないと私が考える根拠の一つです。

天に召される前日にイザベラが口にした、「私ほど福音伝道に則《のっと》り、それに生涯を捧げた人はいない。とても難しかったけれど私はそれを試みてきた。最早なすべきことはない。すべてを実現し、すべてを果たし、すべてを記した」という言葉（ストダート）は、彼女の生涯の集約です。旅はそのための不可欠な手段だったとさえ言えるのです。

イザベラが初めての作品を投稿したのが創刊三年目の『レジャーアワー』であり、最後の作品もまた同誌に編集者の依頼により執筆し掲載されたものでした。同誌は宗教冊子協会の刊行で、子供・女性や貧しい人々を主な読者とした、キリスト教に基づく教養主義家庭誌です。この雑誌に実に四八年にわたって七〇編もの作品を寄稿し、この雑誌を自分にとって最重要の雑誌としていたという私が明らかにした事実は、彼女の思想を考える上で無視してよいものではありません。この雑誌はイザベラの死の二年後、役割を終えたと宣言するがごとくに終刊を迎えます。イザベラは同誌にとっても最も重要な寄稿者の一人だったのです（彼女の作品が掲載された『サンデーアットホーム』もまた同協会から刊行されていました）。

　以上のことからわかるのは、聖職者としてキリスト教のあるべき姿を求め、苦しみ、社会に対して大きな導きをもたらさないままに世を去ったものの、イザベラに、旅をしその成果を社会に伝えるという形で生きていく術《すべ》を授けてくれた父エドワード、その父を支えた母ドーラ、イザベラが旅行作家として名を成す上で力を尽くした妹ヘンリエッタ、そして、そのすべての肉親が天の人となった後に慈愛によってイザベラを支えた夫ジョンに通底するキリスト教、もっと端的に言えばキリストへの深い信頼と愛、さらには、すべての肉親を失った後に再開した旅におけるキリスト教海外伝道活動への傾倒こそが、イザベラの七二年の生涯を支える「思想」です。そして、自分が旅などを通して得たものを英国国民に向かって伝え、読者や聴衆が関心を抱くように導くことに心をくだき続けた人だったということです。

　彼女のキリスト教絶対主義的側面は一九世紀後半の英国に生きた女性としての、今日から見れば一つの限界ではありましたが、すべての肉親を失い案じるものがなくなった状況において、身一つになったことを逆に生かし、自らの信念を、生まれながらの旅人であるとの認識の下、旅を通して英国社会に伝えんとしたその一途な生き方にこそ、イザベラの思想の本質があると考えます。

以上、かなり端折《はしょ》りながらではありますが、イザベラの生涯をその旅の特質や背景、成果の社会への還元などに焦点を合わせて辿ってきました。

では、次の第三章に入る前に、本章を読んでその波瀾万丈の人生と旅の生涯に驚いたであろう読者に、フィールドワークの成果を生かし、彼女がどのような女性だったのかを六点の写真によって紹介しておきます。

図A　1873年8月撮影

図B　1880年7月撮影

◎コラム　写真に見るイザベラ・バード

図Aは最も古い写真で、サンフランシスコに着いた一八七三年八月に写真館ブラッドリー・アンド・ロオルフスンで撮り、ヒロで世話になったライマン夫妻に贈ったものです。肩幅が狭く非常に撫で肩で、四一歳当時もまだほっそりしていたことがわかり、小柄でか細かったとストダートが記す（四四頁参照）二八歳当時が彷彿されます。当時はハワイの旅の成功で気持ちが高揚していたはずですが、写真には、聡明さや意志力の強さとともに、やや神経質な感じが見て取れます。特徴的なのは歯で、後の写真にこの特徴がないのは、ロッキー山脈の旅で前歯を折り、帰国後に治したためです。

図Bはその七年後の八〇年七月（妹が亡くなった翌月）に自宅から近いエディンバラの写真館J・モファットで、おそらくは婚約の記念に夫とともに撮ったものの一枚で、当時も痩せ気味

図C　1887年6月撮影

図D　1896年7月撮影

だったことが窺えます。したがって、二つの写真の間の七八年に日本を旅していたイザベラは、高梨訳本の口絵写真が印象づける大柄で恰幅のよい姿形ではありませんでした。妹を失った悲しみの癒えない表情が見て取れますが、日本を旅していた彼女はこのような顔立ちの小柄な女性だったとわかる意義は小さくありません。

図Cは夫が没した翌八七年四月からロンドンのセントメアリー病院で看護婦訓練を受けた当時のものです。三カ月という期間と六月という撮影月、装いなどから修了記念に撮ったと推察されます。**図D**は九六年七月に横浜のファルサーリ商会で撮影したもので、理知的で聡明で意志力の強い凛《りん》とした顔立ちが印象的です。困難に打ち克ち、念願の揚子江流域の旅を成し遂げた自信も窺えます。七八年の旅でも泊まった金谷家に寄贈したもので、この折に撮影し『新版　日本奥地紀行』に収めた同家の家族写真とともに残っています。

図Eは九八年四月に刊行された『ワイドワールドマガジン』第Ⅰ巻4号所収のイザベラへのインタビュー記事「極東のスナップ写真」中のものです。ふっくらとし、風格が滲み出ています。「男まさりのたくましい女性《アマゾネス》をイメージしていたのにこのような姿で現われた（彼女の）優雅な装いと上品さ、美しい声に驚いた」という雑誌編集者の感慨が残っています（『極東の旅2』参照）。**図F**は汕頭《スワトウ》でのバードの写真撮影の様子を伝える九五年の写真です。三脚の長さが約一五〇センチだったことや、彼女の目の位置、やや底の厚い靴を履いていたことから、背丈が約一五〇センチ（奇しくもヴィクトリア女王と同身長）だったことをよく示す写真としても、服装が日本の旅で着ていたものと同じと考えられる点でも、旅行家としての進展を彼女が写真の活用にも求めていた点でも貴重です（金坂清則訳『中国奥地紀行2』）。

図E　1898年頃、ロンドンの写真館エリオット・アンド・フライにて撮影

図F　1895年、マッケンジー撮影

写真クレジット
図A：Owned by Lyman Museum／図B：J. Moffat, Edinburgh, Bird/Bishop/Tingle family photograph albums, PH203_007_3_21, Special Collections & University Archives, University of Oregon Libraries, Eugene, Oregon.／図C：Portrait of Isabella Bird Bishop, June 1887, Bird/Bishop/Tingle family photograph albums, PH203_007_3_23, Special Collections & University Archives, University of Oregon Libraries, Eugene, Oregon.／図D：日光金谷ホテル所蔵／図E：*The Wide World Magazine* Vol. I、著者所蔵／図F：A.M.Stoddart, *The Life of Isabella Bird*（*Mrs.Bishop*）、著者所蔵

第三章　一八七八年の日本の旅の特質

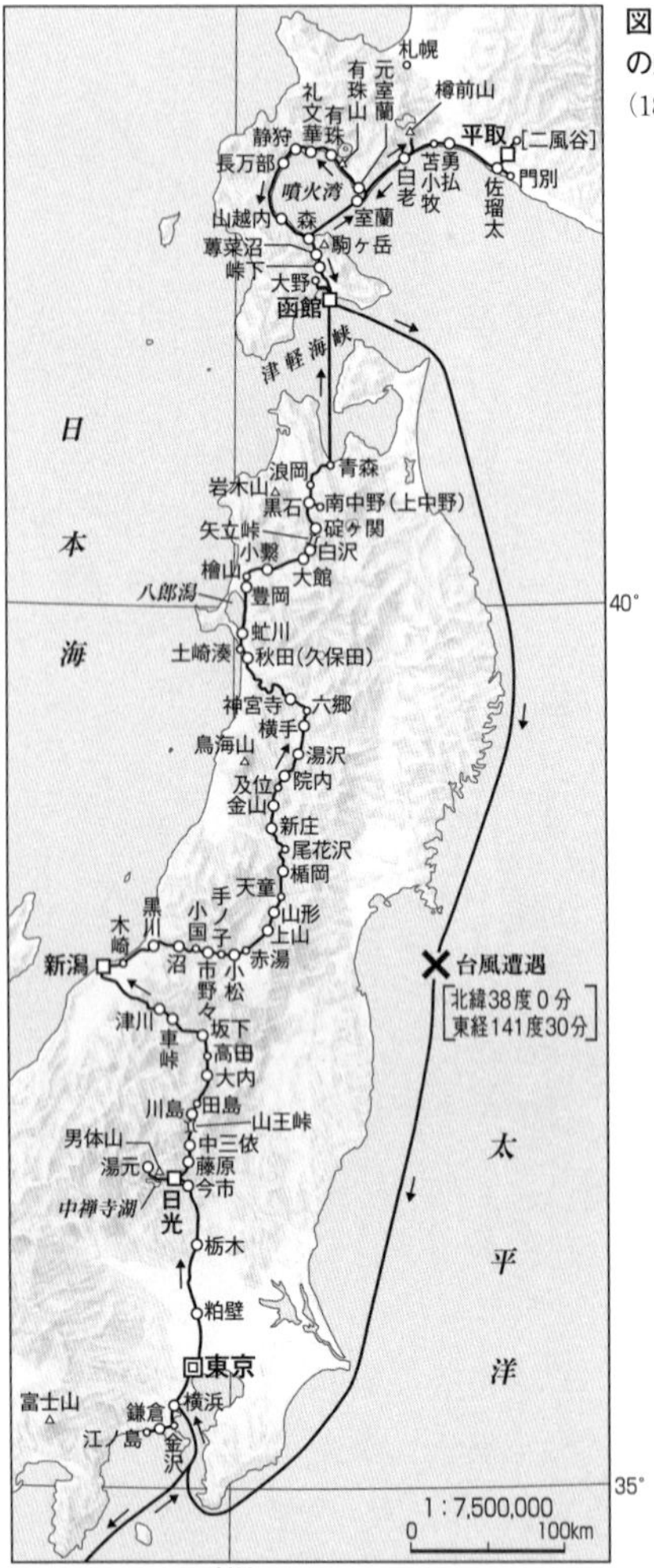

図２：イザベラ・バードの蝦夷（北海道）への旅（1878年）

図3：イザベラ・バードの関西・伊勢の旅（1878年）

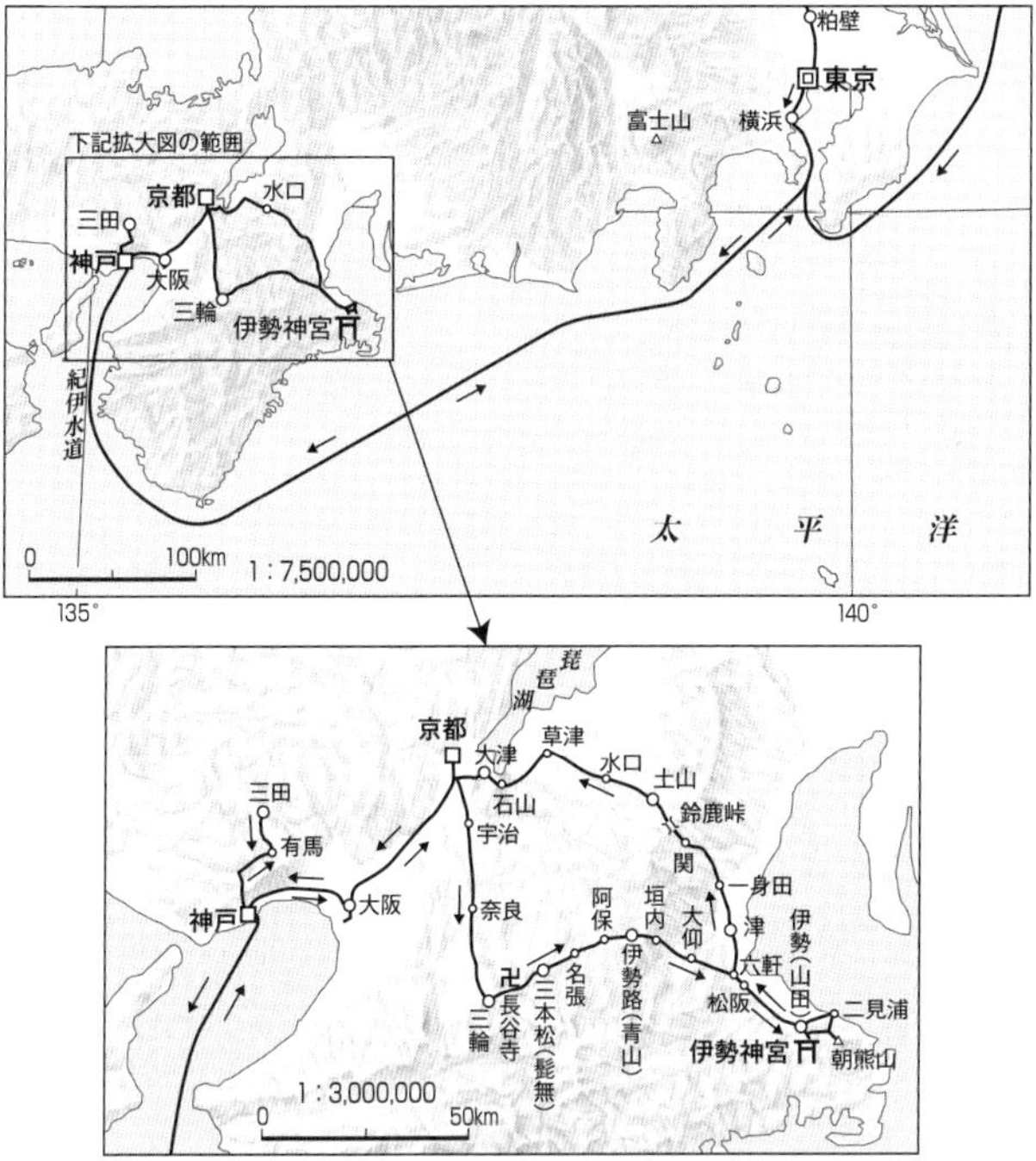

凡　例

- ルート
- 順路
- 最重要拠点
- 重要拠点
- 宿泊地
- 通過地

本図中の地名とその分類は著者の研究に基づく。

（　）付き地名はバードが記した地名であり、［　］付き地名はバードが訪れたと推測される地名である。

海岸線・湖岸線は明治10年代前半のもの。

イザベラの旅と旅行記を科学するには、それぞれの旅の特質を押さえるのがよいと考え、半世紀に及ぶ彼女の旅が一つの流れをもって展開したことと、一八七八（明治一一）年の日本の旅が転機をなすものとして明確に位置づけられることを明らかにしました。そこで本章では、この日本の旅の特質について敷衍《ふえん》します。

第二章を読んで驚いたに違いない読者だけでなく、世界に流布している理解（実は、理解というよりイメージに過ぎないのですが）に修正を迫るには、これからの論述が不可欠です。鋭い感性によって旅の一瞬をとらえ、それを率直な思いを伴って臨場感あふれる文章で伝えてくれる彼女の旅行記の特質と魅力については、今は『完訳 日本奥地紀行』に委ね、彼女の旅と旅行記を真に理解するにあたって必要なことを示します。なお、日本ではバードという姓で定着しているのと、第二章と違って姓で書いても紛らわしくないので、以下では、イザベラでなくバードと記します。またこの章では元号（和暦）を原則とします。

地域的・期間的限定のない旅

図2と**図3**は蝦夷（北海道）への旅と関西・伊勢の旅の道筋を、拠点や宿泊地・通過地とともに地図で表現したものです。道筋について見ますと、たとえば**図2**によって、前者の旅が、東京から日光、会津を経て日本海側の新潟に出、そのあと再び内陸に転じ、いくつもの峠や盆地を縫うように進んだ後、再度日本海側の秋田（久保田）に出、その後は内陸の大館経由で青

森に至ったことが一目瞭然になります。そして、蝦夷の玄関口函館からは森に出、船で室蘭に渡った後、海沿いに佐瑠太《さるふと》まで進み、内陸の平取《びらとり》に至るものだったこともよくわかります。帰路には室蘭から船で森に出ず、噴火湾沿いの陸路をとって函館に戻ったことも示しています。他方、**図3**は横浜―神戸間を船で往復した関西・伊勢の旅が、神戸を起点に伊勢神宮を訪れる周遊の旅であったことを明示します。

この二つの地図は、彼女の旅の道筋を復原することが旅と旅行記を科学する際の出発点になり、正確な翻訳のためにも不可欠であるという考えに基づいて、フィールドワークを伴いつつ、明治前期の迅速二万分一図や仮製二万分一図なども用いて最も古い五万分一地形図（大半が明治時代の作製）上に復原した成果を、縮図と総描《そうびょう》をくり返して小縮尺の地図に転記したものを、日本を代表する地図製作者《カルトグラファー》水谷一彦氏が製図したものです。実際の旅は山であるかないかによって左右されますので、レリーフによって土地の起伏も併せて示しています。縮尺を同じにしていますので、**図3**で東京と大阪がどれくらい離れているかを基準にすれば、**図2**に示されるバードの蝦夷（北海道）への旅がいかに大変なものだったかが想像できます。

この二つの地図を見る読者にまず留意していただきたいのは、明治一一年当時、外国人が自由な移動を認められていたのは横浜・神戸・長崎・新潟・函館という五つの開港場と開市場の東京・大阪から各々わずか一〇里つまり四〇キロの範囲だけだったという、第二章で指摘した事実です。四〇キロは**図2**上ではわずか五・三ミリ、**図3**の拡大図上でも一三・三ミリです。

このように「外国人遊歩規定」によって定められ「外国人遊歩区域」と称されたその範囲は、日本全体から見ればまさに点に過ぎませんが、実際には、地図によって明確に定められていました。距離的には訪れることのできない京都が認められていたのは、明治九年の鉄道開通に対応して「外国人入京免状」が給付されるようになっていたからです（この時、奈良・琵琶湖の遊覧も併せ認められました）。このような事実を知る時、神戸から京都・奈良を経て伊勢神宮・大津を巡り神戸に戻った旅も、「大した旅ではなかった」とは言えないことが実感できます。

バードの旅は、外国人が自由に旅＝移動できる範囲が局限されていた時代にあって、地域的制限を受けない旅だったという点で、きわめて特異なものだったのです。五万分一地形図上での復原ルートの計測の結果、平取への旅の距離は約一四〇〇キロ、復路も、函館―横浜間は海路だったものの約一三五〇キロ、そして、海路だった横浜―神戸間約六六〇キロを除く関西・伊勢方面周遊の陸路の旅の距離でさえ、約五八〇キロにもなることがわかります。驚くべき値です。

ですが、これで驚いてはなりません。外国人遊歩区域を越えて、つまり開港場から見ればその制限ラインよりも内陸側の地域――これを当時「内地」と言いました（第二章参照）――を旅行することが「外国人内地旅行免状」によって認められた場合でも自由に旅＝移動できたわけではなく、「旅行先及路筋」などが明記され、事前に路筋つまりルートが定められていたのですが、これに対し、バードの旅にはこのような制限が事実上なかったのです。

それだけではありません。「外国人内地旅行允準《いんじゅん》条例」（明治七年五月、内閣記録局編『法規分類大全　第二十四巻』一八九一、覆刻版監修 石井良助・林修三、原書房、一九七七所収）には、内地旅行の期間が、「居留ノ外国人」の病気養生の場合について「三十日又ハ五十日」を限度とすると定められていたのに対し、明治一一年六月一〇日に東京を出発した彼女が目的地にしていた北海道の平取に着いたのは八月二三日です。七九日が経過していました。そして東京に帰着するまでの総日数は一〇一日。函館ー横浜間の船旅が荒天で一日遅れた事実を勘案すれば本来は一〇〇日だったことになります。右の規定のまさに二倍です。バードの旅は時間的限定も適用されない旅だったのです！

その上、明治七年に定められ翌八年に改訂された「外国人内地旅行免状」には、「帰着ノ日ヨリ五日以内」に免状を返納することとなっており、帰着後別の旅行に出るには「一旦此免状を返納し改めて許可を得なければならなかった」にもかかわらず、また、その旅行免状には北海道への旅のものだったと記されている（次頁）にもかかわらず、新しい免状を取得したとの記載はないので、返納せずにそのまま用いたか、関西・伊勢の旅も含めたものとして交付されていた可能性さえあり得、たとえそうでなく新たに交付された免状を持っていたとしても、バードが、実質的には外交官と同じような自由度のある旅を行ったことは明白です。ではなぜこのような旅を行い得たのでしょうか。旅の特質の第二点はこれを可能にした理由にあります。

特別の内地旅行免状によって可能となった旅

その理由をバードはその旅行記の第九報において明記しています。入国から三週間後に蝦夷（北海道）への旅に出発した日の記録です。大変重要ですので、長くなりますが引用します。

ふつう外国人は旅行免状に記されたルート〔路筋〕以外を旅行できないのだが、今回はH・パークス卿が事実上何の制限もない旅行免状を入手してくださった。東京以北の日本《ジャパン》〔本州〕全域と蝦夷《エゾ》を、ルートを限定せずに旅ができるようになっているのである。この貴重な証書を所持していないと逮捕され英国領事のもとに移送される。この証書はもちろん日本語で認《したた》められているが、これを収める封筒には交付に際しての心得が英語で記されている。それは次のとおりである。この旅行免状は「病気療養、植物調査および学術研究」という理由で申請され交付される。これを所持する者は森で焚火《たきび》せぬこと。馬に乗って火事現場に行かぬこと。田畑・囲い地・禁猟区に立ち入らぬこと。寺社や塀に落書せぬこと。狭い道は馬で疾走せぬこと。「通行禁止」の掲示を無視せぬこと。また、当該者は「日本の当局および日本国民に対し従順かつ友好的に振る舞うこと」。「旅行免状の提示を求められる時にはいかなる役人にもそれを示すこと」。さもなくば拘束されること。また、内地《インテリア》にあっては「狩猟や取引を行ったり、日本人との売買取引及び諸約定をなしたり、旅行に必要な以上に長期間家屋や部屋を賃借することはこれを禁じること」。（『完訳』第九報）。

この文章は、この特異な旅が「事実上何の制限もない旅行免状」によって可能になったことと、それを可能にしたのが公使パークスであることを示しています。パークスがどこからそれを「入手し」てくれたかは記していませんが、「外国人内地旅行免状」の請求は、公使がこれを外務省に対して「公文で」行うよう定められていましたから、当時の外務卿寺島《てらじま》宗則にパークスが申請して取得したことは明らかです。公使パークスがバードによるこの旅の実現を計画したという仮説を第二章で提示したのは、この事実を踏まえてのことです。

しかも、北海道の旅はこの内地旅行免状でさえ不要となる「証文《ショモン・しょうもん》」の交付を受けての旅でした。第四十報中の以下の記述は、その意味で大変重要です。札幌に駐在する英国領事ユースデンの依頼を受けて、北海道での絶対的権限を有する開拓使が、バードの旅を全面的に支援したことを明示する文章であるからです。また、特別の内地旅行免状を交付されていることが前提になっての支援です。開拓使が特別の支援を行った理由もバードは最初に示しています。領事は公使パークスの意向を受けているのですから、この文章は、バードに旅を依頼したパークスのねらいについての私の仮説の傍証にもなります。

［外国の］女性がこの先住民の世界に初めて入り込んでいくということが、好意的な関心を呼んだ。領事のユースデン氏は当局［開拓使］に掛け合ってくださり、その甲斐あって［開拓使の］長官［黒田清隆］は一種の公文書ないし証書である〈証文《ショモン・しょうもん》〉を交付してくださった。これによって私は、どこであれ、一里当たり六銭という〈開拓使《ガバメント》〉の公定料金で馬と人夫《クーリー》を利用する権利、巡察時に官吏が使うために保持している家を優先的に利用する権利、さらに時と場所を問わずさまざまな援助を吏員に求める権利も得ることができた。その上、長官は噴火湾の対岸に打電し、開拓使［公用］の〈人力車《クルマ》〉を私が必要な限りどこまでも使ったり、私の都合に合わせて汽船を留めておくことさえも当局に要請してくださったのである！　この公文書を持っていさえすれば私の旅行免状《パスポート》はもはや不要となり、実に容易に旅ができることになると思われる。領事［ユースデン］が私のためにこれを取得してくださったことに対して深謝する次第である。

バードが取得した旅行免状の特異性についてはもう一つ指摘しておかねばなりません。外国人の旅行者が旅行免状を取得するには、まず本人が、取得までの十分な時間を見込んで公使館に直接申請書を提出し、それを公使から外務省に申請する必要がありました（Ernest Mason Satow and Lieutenant A. G. S. Hawes, *A Handbook for Travellers in Central & Northern Japan*, 2nd Edition, rebised『中部及び北部日本旅行案内書　改訂第二版』。アーネスト・サトウ編著、庄田元男訳『明治日本旅行案内　上・中・下』平凡社、一九九六）, London, John Murray, Yokohama, Kelly & Co., Shanghai and Hongkong, Kelly & Walsh, 1884）。バードが旅を開始してまもなくの七月三〇日にパークスが長崎の領事フラワーズに送った書簡（F. V. Dickins, *The Life of Sir Harry Parkes*, Vol. II（F・V・ディキンズ著、高梨健吉訳『パークス伝――日本駐在の日々』平凡社東洋文庫、一九八四）, London, MacMillan and Co., 1894）によって、申請の審理に三日必要という外務卿の主張に対し二、三時間に縮めさせた経験を持つパークスをもってすれば、バードが英国公使館に入ったのが五月二三日（木曜日）、蝦夷をめざして出発したのが六月一〇日（月曜日）ですから、十分な時間があったように思われますが、そうとは言えません。

　なぜならバードの旅の場合には、外務省が許可すればそれですむことではなかったと考えられるからです。たとえば久保田（秋田）での師範学校・病院や、函館での懲役場の視察に対して秋田県や開拓使が適切に対応したのは、事前に内務省から連絡と指示がなされて初めて可能になることです。このような指示・連絡は、すべての公的機関訪問などに関してもなされていたと考えられますので、内務省から県への指示はともかく、少なくとも、外務省から内務省および開拓使への依頼と受諾の確認が、旅行免状の交付にあたっては必要になったからです。実際には五月二四、二五日（金、土曜日）か二七日（月曜日）に申請し、週末の三一日（金曜日）か週明けの六月三日（月曜日）には取得したと思われます。これが解決した上で、バードは四日に面接試験のために横浜に出かけたと考えられるからです。

この旅をパークスが明治八年夏頃に立案していたことや、内地旅行免状が特別なものになることを外務卿寺島に説明し、交渉して交付されるものだったことからしますと、外務省への依頼はバードの来日一年前にすでにすませ、バードの来日を待って形式的な手続きをした可能性が高く、交付に至る過程自体が特例的なものだったと考えるのが理に適っています。

バードが、蝦夷をめざして出発した六月一〇日（月曜日）の前週末の七日の文章において、出発直前に「一四〇〇マイル［二二五キロ］」については「情報不足」を理由に、何の書き込みもない旅程表を返してきた」（『完訳』第六報）と記す一方、内地旅行免状がこの時交付されたとは記していませんので、交付自体はその一週間前にはなされ、それを受けて通訳兼従者の面接に出向いた（後述）と考えられるからです。

植物採集を重視した旅

バードの旅行免状に関して、もう一つの特質（第二の特質）が浮かび上がります。パークスが「病気療養、植物調査および学術研究」のためにこの旅行免状を申請したとなっているのですが、交付が認められる理由は、通常は「病気療養（養生）」と「学術研究」だけでした。しかも、前者は元来は旅行者ではなく居留外国人についての条項です。そして、後者は学術研究全般ではなく「内地地質物産等之学術研究」なのです。

ですからパークスは、明治七年に定められた「外国人内地旅行允準条例」において、「養蚕《ようさん》製茶などの日本内地固有の製作物の学術研究」「日本の物産即ち草木禽獣《そうもくきんじゅう》金石《きんせき》諸鉱物の類の探索調査のための学術調査」「星象の運行の測量や世界の地理の調査」と「罹病した開港場居留外国人の浴泉や山水清麗《さんすいせいれい》の地での空気の変換による療養のための旅行」となっているのを突破口にして、病気養生と植物調査を主とする学術調査という理由を外務省のトップ寺島から引き出したと考えられます。バードには、「山水清麗の地での空気の変換による療養としての旅を行ってきた」事実も、ハワイの旅において植物調査をはじめとする学術調査を行い、その記録が高く評価された事実もありました。ですから、パークスはそのことを踏まえ、かつ、四〇歳台も後半の著名な女性の旅行家であるという事実も伝えて、特別な内地旅行免状の交付を受けたと考えるのが最も自然です。

そもそも、「山水清麗の地での空気の変換による療養」という考え自体が当時の日本にない西欧的な考えであり、しかも今述べたようにバードがハワイとその前後の旅を行う理由だったのですから、これをパークスが湯治《とうじ》という日本の伝来のものと、交渉の中で接合した可能性が高いのです。交付された旅行免状が伝存しませんので、“health, botanical research, or scientific investigation” (Letter IX) という原文が日本語でどう表記されていたかはわかりませんが、パークスが、日本にあって明治八年の「外国人旅行免状改正」に至るまでの日本側との厳しい外交交渉の先頭に立っていたことからしても、「外国人内地旅行允準条例」などの内容に通じていたことは言うまでもありません。

バードは植物名をしばしば学名で記しましたが、これは、ブラキストン（ブラキストン線で知られる英国人の探検家・商人・博物学者。当時函館在住）が批判したように、単にひけらかすためでなく、植物調査が旅行免状に明記されており、実際これを行っていたことと結びついていたと考えねばなりません（T. H. B., *Japan in Yezo: A Series of Papers Descriptive of Journeys Undertaken in the Island of Yezo at Intervals 1862 and 1882*（『蝦夷地の日本――一八六二〜八二年に断続的に行った蝦夷旅行の論集』。高倉新一郎校訂、近藤唯一訳『蝦夷地の中の日本』八木書店、一九七九）, Yokohama, Japan Gazette, 1883）。

『日本奥地紀行』には植物採集をしたことを直接示す記述はありません。しかし、父の教育もあり幼い時から植物について関心が強く、ハワイの旅のあとは顕微鏡による研究（このことで後に夫となるジョン・ビショップと親しくなりました）にも熱心に取り組んでおり、植物学的知識も豊かだったとはいえ、移動していく中での観察だけではとうてい不可能な記述に満ちています。したがって、植物採集をしていたと考えるほかないのです。勇払《ゆうふつ》原野の一〇種近い草花を的確な説明を伴って同定しているのはその最たるものですので引用しておきます。

蝦夷の代表的な花の一つ浜茄子《はまなす》の他、赤紫色《ローズ・レッド》の大きな花をつける昼顔、ベルのような青い花が総状花序をなす釣鐘人参《つりがねにんじん》、学名をアコニトゥム・ジャポニクムという山鳥兜《とりかぶと》［正しくは蝦夷鳥兜］、学名をカリステジア・ソルダネーラといい、誇らしげに咲いている浜昼顔、青い花をつける蝦夷野紺菊《えぞのこんぎく》や梅鉢草、蝦夷黄菅《えぞきすげ》、とても目立つ蔓性の植物がある。浜茄子は花が深紅色で、オレンジ色の西洋花梨《かりん》のような、小粒のリンゴほどの大きさの実をつけ、花冠の直径は三インチ［七・六センチ］ほどもある。また蔓性植物はこの荒々しい環境の下では場違いなほどに優雅な葉をつけ、紫がかった褐色の釣鐘状の花をつけるが、特徴的なのは、めしべの変わった配列と緑色のおしべ、そして得も言えずいやな腐肉のような臭いである。受粉のためにとても気持ちの悪い姿の蠅をひきつける臭いのようである。

（『完訳』第四十報）

また、公使館から日光までバードを乗せてきた気配りのある人力車夫について、バードは「たった今も、私にさよならを言いたいといって、躑躅《つつじ》の小枝を手に現れた。遊びがてら山に出かけ、取ってきてくれたのである」という文で第九報（続）を閉じていますが、この直前でも、花を持ってきてくれるなどの細やかな気遣いをしてくれたと記しています。それで、この行為も単に別れの印としてだけでなく、バードと従者が植物採集をする姿を見て、役に立つかと思って採ってきたと考えられるのです。

バードが植物採集をしていたことを裏づける最重要の証左は、彼女が通訳兼従者として Ito という人物を、いわば面接主任だったヘボンの反対にもかかわらず採用した事実です。バードは、この人物を採用した理由の一つとして、「植物採集家のマリーズ氏に同行し、東のコースをとって本州北部《ノーザン・ジャパン》を抜け、蝦夷《エゾ》に入ったことがあります」とか、「それで、植物の乾かし方を知っています」というこの人物の発言があったと記しています（『完訳』第六報）が、この記述は、彼女が旅において植物採集をし、従者に植物を乾燥させていたことを雄弁に物語っています。また、函館で記された第三十九報には、マリーズが来ていて、非常に器用で、植物採集をし、上手に乾燥させる方法を仕込んでいた伊藤がバードのところに行ってしまったために困っていると、領事立ち会いの下でバードに訴え、バードがそれに対し申し訳なく思ったとあります。

このマリーズは、高倉新一郎氏（イザベラ・バード著、小針孝哉訳『明治初期の蝦夷探訪記』さろるん書房、一九七七、での校訂）や伊藤孝博氏（『イザベラ・バード紀行――『日本奥地紀行』の謎を読む』、無明舎出版、二〇一〇）が推定したあのE・S・モースの仮名《かめい》などではありません！　英国最大の養樹会社ヴィーチ商会の仕事で日本・中国・台湾の植物採集を行った植物学者、植物採集家チャールズ・マリーズという実在の人物です（白幡洋三郎『プラントハンター――ヨーロッパの植物熱と日本』講談社、一九九四）。日本には一八七七年四～一二月に滞在し、六～一〇月に北海道で調査を行っています。面接時の伊藤の発言は事実だったのです。

注目しなければならないのはこの第三十九報でバードが、「人物証明書のないままに」雇った「伊藤《イト》」が、「「前の雇い主のマリーズ氏から、戻ってきてほしいと頼まれていたのですが、ある婦人と契約を結んでしまいました、と返答しました」とパークス夫人と私に［英国公使館で］語ったのは、雇った後のことだった」と記していることです。これによって、パークス夫人もバードも、北海道への旅に出る前の時点で、伊藤を雇ったことに問題があったことを知っていたことがわかります。契約を結んでいたこともあり、そのまま伊藤を伴い旅に出たわけですが、そもそも、外務省への申請は公使が行うわけですから、マリーズの植物調査についてパークスが知らなかったはずはありません。

したがって、この記述は植物採集の能力を有していたことが伊藤を採用する決め手の一つだったことの傍証になります（七八年夏に日本を再訪したマリーズは一二月まで滞在し、バードは彼に伊藤を返す約束について第四十三報で記し、第四十八報でも伊藤はこれからマリーズの下に行くと記していますので、伊藤を伴って調査していたことは確実です）。

なお、植物採集を重視した旅というのは旅行免状と関わる名目的な意味合いを含めてのことであり、実質的には社会の側に力点があった旅だった点にも留意しておく必要があります。

通訳兼従者を伴った最初の旅

今述べた、通訳兼従者を伴った旅だったということも、この旅の重要な特質です（第四の特質）。二二歳から海外の旅を始めたバードではありましたが、日本の旅以前の旅は英語が通じる世界の旅であり、それ故、旅の友はいても通訳はいなかったのに対し、日本の旅は通訳兼従者なくしては行えなかったからです。また、Mr. Ito を選んだことが、旅の成功の要因の一つになったからです。それ故、通訳兼従者は彼女の日本の旅を科学する上での重要テーマになります。私がイザベラ・バード論に着手してすぐにItoの解明を試みたのは、謎の人物のままや、憶測に基づく見解を定説化してはならないと考えたからです。「一八歳の少年」と広く信じられていますが、「一八歳」は満年齢をそのままあてはめた「少年」は、従者（boy）の意を取り違えた高梨健吉氏の誤訳に基づく誤解です。元服を過ぎたれっきとした大人で、名を伊藤鶴吉と言い、その後、バードとの旅の経験を糧として日本の通訳ガイドの先達として長く活動した人物でした（金坂清則「イトー、すなわち伊藤鶴吉に関する資料と知見」『地域と環境』No.3、二〇〇〇）。実際には安政四年一二月一七日（西暦では一八五八年一月三一日）生まれです（『近代名士之面影』竹帛社、一九一四。後に『日本名家肖像事典　第六巻』、ゆまに書房、一九八八、複製）ので、数えで言えば二一歳、満でも二〇歳でした。

通訳兼従者がどれほど重要な役割を果たし、バード自身がそのことをいかに強く認識していたかは、面接の様子を第六報で詳述しただけでなく、第九報や第十四報、第二十八報その他の報における頻繁な言及やその内容から、はっきりと読み取ることができます。

たとえば、バードが「いかなる推薦状も持た」なかったにもかかわらず、また、自宅を面接会場として提供し、面接主任だったヘボンが反対したにもかかわらず、さらには、自分自身も「この若者に疑惑を覚え気に入らなかった」にもかかわらず、Itoと契約を結び、翌日には言われるままに一カ月分の給与さえ前払いしたのは、植物採集の経験があり、英語で意思の疎通を図れる能力を有していたからだけではないと思われます。典型的な日本人の顔立ちで、一五〇センチと小柄なバードよりもさらに三センチ弱低いという伊藤の特徴が、旅先で目立たず、従者の役割を果たす上で都合がよいことをバードは鋭く見抜いていたと私は考えます。バードが指示を出すのにも好都合でした。それだけに第六報における次のような記述にはきわめて興味深いものがあります。

背はわずか四フィート一〇インチ［一四七・三センチ］で、蟹股《がにまた》でもあったが均整はよくとれているし、丈夫そうだった。顔は丸顔で非常にのっぺりしており、歯は健康そうで目はとても細長かった。そして重そうにたれた目蓋《まぶた》は日本人の一般的な特徴をこっけいに誇張したようだった。こんなにぼうっとした表情の日本人には会ったことがなかったものの、時折すばやく盗み見るような目つきをすることからすると、ぼんやりしているように装ってもいるようにも思われた。

応募してきた、内地の旅と相容れない洋装で現れた伊達男《ダンディ》や、立派な和服を着、風采も立派な男などは、彼女にとってはそもそも論外だったのです。それだけではありません。伊藤には、横浜の英国駐屯軍「赤隊《あかたい》の将校のボーイ」として働き、英語を学んだという事実（大正二年一月九日付『報知新聞』）と、通弁の仕事に就いた明治一〇年（『近代名士之面影』）がマリーズに雇われた年であるという事実があり、このことからしますと、実際にはバードが伊藤を雇うことはパークスの差配の下で、事前に決まっていたと考えられるのです。

なお、宿代の支払いに際して伊藤が「上前を撥《は》ねた」ことを記していますが、これは単に伊藤の行為を悪いこととして読者に知らせているだけではなく、これが従者を伴う旅にあって異邦人が気をつけねばならない一般的問題、つまり日本の取引慣習でもあることを記しているという点にも留意する必要があります。

目的に従いルートを事前に設定していた旅

バードの旅はルートの制限のない旅でしたが、だからといって、それを行き当たりばったりに進めていくような旅ではありませんでした。事前に全体のルートを設定し、それに従っていくことを大原則にしていたのです。これほど徹底した事前のルート設定は、それまでの旅にはなかったことでした（第五の特質）。この大原則は、計画したルートについてパークスから日本政府に照会してもらったのに対し、そのうち二二五キロについては「「情報不足」を理由に、何の書き込みもない旅程表を返してきた」という前にも記した記述によって明らかです。したがって、ルートの制限がないというのは、事前の計画を現地で変更することが認められていたということだと解釈できます。

羽州街道を秋田県から青森県に入った峠下の集落である碇《いかり》ケ《が》関《せき》から弘前に出ずに黒石に出たのは、旅の途中での計画変更の事例になります。黒石の手前の尾上《おのえ》村で二人の巡査がバードらのほうに駆け寄ってきて、「法に違《たが》う秘密があるかのごとくに私の旅行免状をひっくり返したり光にかざしたりし苦労しながら穴が〈あくほど〉見つめた」という出来事（『完訳』第三十四報）はこう解釈して初めて理解できます。「外国人内地旅行免状」には、「旅所では宿主に免状を示すこと」とともに「羅卒《らそつ》・区戸長などから免状検査を要請されたときは必ず示すこと」と定められていたので、巡査には調べる必要があったのです。

次に、ルートを目的に従って設定していたことを、七つの事例をあげて説明します。

たとえば、日光に一〇泊（その間、日光湯元にも一泊）していますが、それは、ここがパークスやサトウ、ヘボンらも訪れたことのある場所で、そのすばらしさを味わうためだけではありません。ヘボンが宿の人たちをよく知っている金谷カッテージインがあり、「未踏《アンビートゥン・トゥラックス》の地」の厳しい未体験の旅に向かう活力を得るとともに、日本の家庭や日常の暮らしなどについての知識を金谷家の人々から得るためでした。さらに、新時代に入ったのに旧体制的なものが残っていることの理由を知りたいという旅の一大目的（第二章参照）に関係して、江戸幕府の創始者である徳川家康と三代家光を祀る日光東照宮と輪王寺《りんのうじ》のありようを正確に描き出すというねらいもあったことが、第十一報の詳述から明白に認められます。

次に、日光から宇都宮に戻って奥州街道を青森に向かう道筋をとらずに、鬼怒川河谷を遡《さかのぼ》り山王峠を越えて会津に出るルートを採用していますが、それは新潟を訪れるためでした。このルートに触れている『日本アジア協会紀要』所収の置賜県《おきたま》に関するダラス論文 Charles H.

Dallas, Notes Collected in the Okitama Ken, with an Itinerary of the Road Leading to It, *Transactions of the Asiatic Society of Japan*, Vol. III, Part III, 1875 を読んでいたのは確実ですが、そのためにこの道筋をとったわけではありません。この道筋を選んだ理由をダラスに結びつける考えが定説になっていますが、そう解釈したのではきわめて大切なことが理解できません。

そして新潟訪問の目的は、新潟におけるキリスト教伝道活動、とりわけ医療伝道活動の実態を知ることでした。「私が新潟にやってきた主たる目的は、パーム医師が進めている医療伝道活動についていささか学び知ることにあった」（『完訳』伝道）という一文がそれを示しています。しかも実際には、日本海側《ウエスタン・ジャパン》唯一の開港場にして県都である新潟の都市の実態を、都市の空間構造や県都としての諸整備、学校と教育、商業活動と商品、書物の売れ筋、気候その他から多面的に把握するという目的もあったのです。

次に、**図2**によって函館から北西の大野に、**図3**によって神戸の北の三田《さんだ》に往復していることがわかりますが、前者は英国教会伝道協会の宣教師デニングによる伝道活動を見聞するためでした。また後者は旧三田藩主九鬼《くき》隆義の影響でアメリカン・ボードによるキリスト教伝道の拠点の一つになっていたこの地の改宗者が集まる会を見聞するためでした。バードの旅が、キリスト教伝道活動の実態とキリスト教普及の可能性を見究めようとする旅でもあった（後述。第八の特質）ことの証となる道筋です。

また、本州の旅も終わりに近づいた時点で、通訳兼従者の伊藤を伴わずに黒石の東約九キロの中野に日帰りで出かけたのは、温湯《ぬるゆ》温泉を視察するためでした。混浴が否定的な意味で欧米人の大きな関心事だったのと、日本政府がこの悪評を受けて禁止に躍起になっていたこと、日本人の温泉嗜好と温泉場の様子をこれまでの旅で見てきたのを踏まえてのことだと考えられます。共同浴場の中にまで入った上で、「浴場でも、他と同じように慣習的な儀礼作法が行き渡って」いることに気づき、「公衆浴場は世論が形成される所だと言われている」（『完訳』第三十六報）といった、欧米人一般とは異なる独自の評価を加えています。協力的だった人力車夫に言われるままに浴場に入っていったと記していますが、この目で見たいという彼女自身の気持ちを車夫が踏まえたからであり、評価は体験して初めて発見できたことでした。

関西の旅で伊勢神宮を訪れたのは、仏教にもまして神道が日本の伝統社会と日本人にとって重要な意味を有し、在日欧米知識人の中ではこれが宗教か否かということを含めて大きな関心事になっており、伊勢神宮がその頂点にある重要な聖地だったからです。伊勢神宮、とくに、要人として認められて外宮《げくう》の参拝を行ったバードの驚くばかりの観察眼と記述力は、この目的を果たすためにいかに彼女が精神を集中していたかを物語っています。第五十五報に続く「伊勢神宮に関する覚書」と、これに続く第五十六報のみならず付録B「神道に関する覚書」を、バードはこの旅と旅行記を理解するに不可欠な部分にしています（日本を離れたあとマレー半島からジョン・マレーに送った手紙の中で、この旅が大変興味深かったと述べています）。

バードが成し遂げた最も重要な旅は、もちろん北海道への旅です。日本の辺境であり、また日本政府―開拓使による統治の始まった北海道と、先住民族アイヌとその社会の諸相を、自らその中に入り込んで学んだことを記録に残そうとしました。平取からの帰路に、室蘭―森間を公式ルートだった海路によらず、難所があるにもかかわらず陸行した（図2参照）のも、平取で調べた内陸《マウンテン》アイヌと有珠《うす》や礼文華《れぶんげ》などの海岸《コースト》アイヌとの比較を行うためでした。科学的な発想に基づく調査の旅です。個人的な物見遊山の旅とみなす従来の理解は間違いです。

ところが、実はルートの設定にあたっては、バードが記述しないものの既知の情報に基づいているケースもあります。彼女は自分の通るルートが外国人の訪れていない道筋であることを強調しますが、会津盆地の坂下《ばんげ》から津川、新保の間と、新潟から山形県置賜の白子沢《しらこざわ》までのルートは、明治二（一八六九）年六月に新潟に着任した英国領事J・トゥループが翌年六〜七月に越後から会津、岩代、羽前を巡ったルートと重なります。その道筋を示すSketch Map Showing the Route taken by Mr. Troup in his tour through the Niigata District in June & July, 1870（『トゥループ氏による一八七〇年六、七月の新潟県とその周辺の旅のルート概要図』著者蔵）と行程こそ違うものの、公使パークスを介しての繋がりが考えられるのです。

トゥループの旅の目的は戊辰戦争後の会津を中心とする地域の視察にあったと考えられますが、この道筋のことをパークスが知らなかったはずはないのです。つまり、旅のルートはバードが独自に考えたのではありません。ルートがどこで何を見るかということを明確にして綿密に設定されていたと推測され、これらの知識までをバードが来日以前に持ち合わせていたとは考えられませんから、このことも、道筋の設定はパークスが豊富な知識を持つサトウやディキンズやチェンバレンらの力も得て行った可能性が高いことを裏づけるのです。

内国通運会社を利用し馬と人力車で行く旅

例年にない梅雨の長雨と豪雨に苦しめられながらも、二カ月近い計画的な旅を成就し青森まで到達することができたのは、内国通運会社という近代的輸送システムの活用に大きく依拠していたからです（彼女は「陸運会社」という旧称で記しますが、これは現地では旧称がまだ使われていたことを示しています）。

「特に議論になったのは「食料問題」と、馬《ポニー》を買うのと駄馬を信用して用いるのといずれがよいかということだった。前者は「それから三日後の二七日現在」まだ解決していない」という第四報中の記述は、主な移動手段の決定が食料問題とともに旅の成否を決める鍵だったことを表しています。公使館に入った翌日に行われたこの「議論」とは、パークス夫妻に伴われたバードが、後にバードを現地で迎えることになるためにやってきた新潟と函館の宣教師ファイソン、デニングとその妻の四人と会った際の話し合いのことです。「馬を買う」とは、専用の馬を購入してハワイやロッキー山脈と同様に馬の旅をするということであり、「駄馬を信用して用いる」とは内国通運会社が用立てする馬に乗り、徒歩の馬子《まご》に運んでもらうということです。重要なのは、このあとすぐに、駄馬を利用することが決まり、しかも、こう決定したのがパークスであるという点です。

右の引用文の二段落後に記された「パークス卿は、馬《ポニー》を買うのはやめておくようにと助言くださった。よい飼料が足らなくなって病気になるかもしれないし、蹄鉄をなくすかもしれないし、〈別当《ベット・べっとう》〉［乗馬の口取りをする人］という余分な難問を背負い込むことになるというのがその理由だった」という記載があります。この文章ではパークスが側面から助言したようになっていますが、すでに明らかにしたように、パークスは旅の立案者として助言しているのであり、その立場からこの問題に断を下し、それをバードも納得したと解さねばなりません。

そして、「駄馬と人足《クーリー》による人と物資の輸送を担っている」この内国通運会社を利用して行う旅について、日光を離れ、その利用が始まる直前の報すなわち第十三報（完）の末尾で詳細な説明を加え、その妥当性を評価しています。その中の「《この輸送会社はみごとに組織化されている。私は一二〇〇マイル［一九二〇キロ］を超えるこの旅でこの会社を利用したが、いつも効率がよく信頼できた》」という一文は、日本の旅から二年後の出版に際して補ったものですが、重要です。さらに、この段落の末尾の「農民と［直接］取引して多額の「手数料」を得ようとしていた伊藤《イト》の願いに反するが、私はいつもこの会社を利用するつもりである」という文章からも、新しい交通制度によって生まれたこの組織を活用することが青森に至るまでの彼女の旅の大原則になったことを読者に伝えています。

青森までの交通手段を『完訳』に基づいて要約すれば、次のようになります。すなわち、東京から日光までは人力車を用い、以後は「駄馬」を基本としつつ、山形県南西部の置賜の玉川―白子沢間は、馬でなく牛が用いられていたのでそれに乗り、新潟県の木崎―川口間や、秋田県の六郷―神宮寺間、久保田（秋田）―土崎湊間、青森県の大釈迦《だいしゃか》―青森間は人力車を用い、さらには津川―新潟間の阿賀野川・小阿賀野川と、神宮寺―久保田間の雄物川は川船で下り、新潟―木崎間は小舟、秋田県の切石《きりいし》―小繋《こつなぎ》間も川舟で遡航しています。注目すべきは、伊藤や現地関係者が、水位が高くなって船が止まってしまっていると嘘までついて川船の利用を回避しようとしたのに対し、バードが川船の利用を主張し、そのおかげで実にスムーズに旅を進めることができた点です。切石―小繋間の米代川の遡航には大雨の下での旅だったという事情もありますが、大河の川下りと新潟―木崎間の川舟の利用は元々計画されていたと考えられます（彼らが反対したのは万が一の事故を憂慮したためだと推察されます）。

北海道では内国通運会社に代わって開拓使が支援・提供する馬と人力車を用いて旅を重ねたことが、先に引用した文（一二〇頁）によってわかります。それを『完訳』に基づいて抜き書きしていきますと、人力車を利用できる場合には人力車を用いることを原則とし、利用できない場合には馬を用いたことがわかります。往路の室蘭―苫小牧間と復路の苫小牧―幌別間は人力車なのはそのためで、復路に幌別で人力車から馬に切り替えたのは、室蘭―森間を汽船を利用して函館に戻る往路のルートを採らないために室蘭には行かず、旧室蘭に向かったからです。重要なことは、苫小牧で明治六年に竣工した札幌新道から別れたあとの平取までの往路と、平取から門別経由で苫小牧に出た復路、さらには復路の幌別から函館までは、自ら馬を操って旅をしたことです。ハワイやロッキーの旅の再現をここでようやく果たしたのです。

一方、関西・伊勢方面の旅では人力車を利用し、鉄道が開通していた神戸—京都間は鉄道を利用しました（神戸までは、当初は陸路神戸に至る予定だったのを天候の関係で汽船に切り替えたと記していますが、日程その他を勘案すると、実際には往路も汽船の利用を考えていたと見るのがよいと思われます）。

図2と**図3**にそのすべてを記した宿泊地の宿については、外国人女性の旅であり、事前に連絡が入っていないと現地では対応できなかったことは明らかです。宿についてのバードの記述にはこのことが明示されず、現地に着いてから探し求めたように記されていますが、それでは成就できるような旅ではありませんでした。と同時に、旧本陣などその地で最もよい宿を利用したと考えられます（とくに旅の初めの頃には宿のひどさを強調していますが、それまでに経験したホテルとの構造上の違いに対する違和感による面があったことを認識せねばなりません）。山形県の小松の宿についてバードが記す旧本陣の「〈大名〉の間」が理想でした。会津の大内や山形県の金山《かねやま》などのように旧本陣と内国通運会社継立所を兼ねる場合もありました。小松の場合もこれを兼ねていたと考えられます。北海道の場合には、函館だけは新潟と同様宣教師館でしたが、それ以外は、本州以南の場合の旧本陣にあたる駅逓所《えきていしょ》を原則としていました。平取のペンリウク（ベンリ）酋長宅を含め、開拓使が宿を事前に手配していたのです。

英国公使館を最重要拠点として行った旅

この特質については第二章でも触れましたが、以上述べた六つの特質はいずれもこの第七の特質を抜きにしては語れないことですので、詳しく説明します。

まず、注目すべきは、滞在七ヵ月間の行動と日程の分析によって、来日し北海道の旅に出るまでが三週間、この旅から東京に戻り関西・伊勢神宮の旅に出るまでが四週間、この第二の旅を終えて公使館に戻り離日するまでが二週間だったとわかり、この日程が、当初からそのように計画されていた可能性が高いと考えられることです。このような仮説を立てる時、日本の旅は東京の英国公使館を最重要拠点として行われた旅だったという、従来等閑視されてきた特質が浮かび上がってきます。**図2**にはこの特質も明示しています。

北海道への旅の総日数が一〇一日（嵐による横浜帰着の遅れがなかったら一〇〇日）、つまり在留外国人が最大限認められる旅行日数の二倍であり、関西・伊勢の旅も規定ぎりぎりだったという前述の事実も、この仮説に関連します。函館に着いたバードが平取への旅を開始する前の八月一二日に認《したた》めたブッラキー夫人宛ての手紙で、アイヌの世界の旅を終えて函館に戻ったあと「九月半ばに公使館に戻り、一ヵ月滞在し、そのあと京都《キオト》と関西《サザン・ジャパン》に行きます」と記し、事実、東京に戻ったのが九月一八日であり、公使館滞在が一ヵ月だったことも同様です。

少し補足します。まず、来日して横浜のホテルに三泊した後、五月二三日に公使館に入り、六月一〇日に北海道への旅に出るまでの期間は三週間弱の一八日であり、六月四〜六日は従者兼通訳の面接試験のため横浜に行っていますので、公使館滞在自体は一五日、つまり約二週間です。次に、二回目の公使館滞在は九月一八日から一〇月一六日までの四週間、厳密には二九日です。また三回目の公使館滞在についてはバードは「日本での最後の一〇日間をここ東京で過ごした」と書いていますので、滞在自体は一二月九日から一八日までの一〇日間ですが、神戸からはサトウと一緒だったと考えられ、そのサトウが東京に戻ったのが一二月五日ですので、第五十九報の記述でわかる鎌倉・江ノ島へは週末を利用して六〜八日に出かけたと考えることができ、その場合、関西の旅から公使館に戻って離日するまでの期間は三週間になります。しかも、三回にわたる公使館の延べ滞在日数は五五日つまり約八週間というきりのよい日数になります。

このような事実は、日本の旅が滞在総日数のほぼ四分の一を公使館で過ごす旅として計画されていたことを示します。ですから、英国公使館が日数的にも日本の旅の最重要拠点だったと認識することが肝要です。従来この点がまったく無視されてきたのは簡略本に依拠してきたことにもよりますが、日本の旅と旅行記について書く人々が、バードが東京以外で訪れたところに目を奪われ、日本の旅全体の最重要拠点がどこかを考えようとしなかった故の誤りです。

ストダートが二回目の公使館滞在に関わって、公使館をバードの headquarters つまり本部・本拠という言葉でとらえていることにもまして、バード自身が、英国公使館が日本における

「住まい」であり、「幸せな時を過ごせるところ」（ジョン・マレー宛の手紙。後述）だと明記し、本の出版の準備のためにも不可欠な場所であることを示唆しているのも前記のような私の考えを裏づけます。バードのこのような認識は、公使館の拠点性が、単に日数上のことだけでないことが、滞在中に行っていた行為を通していっそう明白になります。

一回目の滞在は、一言で言えば蝦夷への旅の準備のためのものです。当時一般に認められない条件をクリアーしての旅だったわけですから、周到な準備が必要だったのは当然で、実際そのようにしていたことがバードの記述から窺えます――この準備については公使パークス夫妻を主とする支援として次章で説明します。これに対して二回目の滞在は、骨休めという以上に、海軍兵学校の英語教師B・H・チェンバレンやパークス、サトウらの援助を得て、それまでの旅で得たものを本にする準備を行うとともに、「東京に関する覚書」「東京に関する覚書（結）」として結実する原稿の執筆にあたったと考えられます。これも公使館を本拠にすることによって初めて行えることでした。日本語や日本の事情に通じた人の援助を得て、旅先で日々書き記してきたことの是非や疑問点などを校訂するなど、日本や東京についての情報を、文献と合わせて収集するのは、公使館以外ではできないことでした。

この滞在時の出来事として逸《いっ》せないのは、バードが公使館に戻った時、そこには、会えることが日本を訪れる前に決まっていた旅行家ゴードン＝カミングがいたことです。日本滞在時の彼女についてはクララ・ホイットニー（明治八年に商法講習所の教師となったアメリカ人の父とともに来日し、後に勝海舟の三男と結婚）が『クララの明治日記　上・下』（一又民子訳、講談社、一九七六。M.William Steele and Tamiko Ichimata eds., *Clara A.N.Whitney, Clara's Diary:An American Girl in Meiji Japan*, Tokyo,New York, San Francisco,Kodansha International Ltd.,1979）の中で興味深い記述を行っていますが、クララの同道を得て骨董漁りにうつつを抜かすという記述では、前章でも触れ、次章でも触れるゴードン＝カミングの、バードやパークスらと確実に結びついていた日本来訪のより深い目的は想像もできません。彼女の訪日はバードの旅の実現に不可欠だったパークス、ミドゥルトン夫人そしてアーガイル侯爵抜きでは理解できず、この二人と縁戚関係にあったという事実もあり、別の行動もしていたわけですので、彼女とバードが公使館で会った事実には重要な意味があったと考えねばなりません。しかも骨董漁りは実はミドゥルトン夫人の要請によるものだった可能性が高いのです。

　三回目の公使館滞在の折には、七ヵ月になる日本の旅を無事終えることができ、責務から解放された時を楽しんでいたことが第五十九報の記述によってわかります。その際にも、チェンバレンの同道を得て、寺院の客間で僧侶の接待を受けるという、一介の旅人では持ち得ない機会を池上本門寺で得たり、離日の前日に、森有礼《もりありのり》と東京府知事楠本正隆の高配を得て火葬場を視察するなど、最後の最後まで、日本のありのままの姿を知り、それを旅の成果として記述するための努力を重ねていました。

　以上、公使館滞在がいわばこの責務《ミッション》としてのこの旅を成功に導く上で不可欠なものだったことを説明しましたが、このことに関わって忘れてはならないことが二つあります。

その一つは、『日本奥地紀行』の原著において、日付を付し書簡形式で書いた部分が六二〇頁で、その七一頁は英国公使館で書いたとなっており、これに、付録Bおよび「東京に関する覚書」「東京に関する覚書（結）」「伊勢神宮に関する覚書」を加えた、特定の場所・地域に関する総頁数は六六二頁になり、そのうち東京に関する頁（一〇四頁）は一五・七パーセントにもなることです。書物全体で見ても一二・八パーセントは東京に関する頁です。つまり、蝦夷とアイヌに関する頁数（一七一頁）には及びませんが、これに次ぐ紙幅が費やされているということです。バードは「はしがき」で、東京に配慮を払った理由を述べていますが、それと同時に、西洋化が進展する一方で古いものが存続する理由を考えるという旅の目的からすれば、日本の中心がどのようなところで、どう変わりつつあるかを、いわば地誌として誌す必要があると考えたからでもあると考えられます。そして今一つは、公使館だけが単独の拠点になっていたのではなく、キリスト教の伝道拠点がいわば副次的な拠点になってリンクしていたという拠点の重層性です。これは旅の目的に関わる重要な特質でもあります。

キリスト教の伝道と普及の可能性をさぐる旅

バードが公使館に入った翌日に、パークス夫妻が、夫婦で上京していた英国教会伝道協会の宣教師ファイソンとデニングに引き合わせたのは、新潟と函館の滞在が重要な意味を持つと考えていたからです。事実それぞれ八泊、一一泊したと考えられます。日光の一〇泊に匹敵する日数です。また、神戸と大阪のアメリカン・ボードには各一七泊、三泊したと考えられ、京都の滞在所となった同志社女学校も、アメリカン・ボードに関わる施設としてとらえられていたわけですから、その日数一七泊を合わせますと、計五五泊にもなり、英国公使館よりもむしろわずかながら長くなります（**図2**と**図3**にはこの事実が持つ重要性を反映してあります）。

もちろん京都では名所巡りもしていますから、一七泊という日数をそのままキリスト教との関わりで解釈することはできません。しかし、キリスト教の伝道拠点が、全体として見れば、英国公使館に次ぐ拠点になっていたと断言できます。公使館と複数の伝道活動の拠点を合わせると、七ヵ月に及ぶ日本の旅の半分を占めていたことは、〈外国人の訪れない未踏の地の旅〉というイメージが強いだけに強調しておかなければならないのです。

重要なことは、英国教会伝道協会のC・F・ワーレンがすでに大阪の川口居留地で活動し、バードが会っているにもかかわらず、もっぱら神戸のアメリカン・ボードの支援を受けてその伝道活動を調査の対象としていることです。これは、彼女が海外伝道を単に英国国教会に関わることとしてとらえていたわけでないことを意味します。もちろん、同ボードが、男女合わせて、神戸に一三名、大阪に七名、京都に四名と、英国教会伝道協会に比べて圧倒的に大きな組織であった（『完訳』第五十一報）ので、キリスト教の伝道と普及の可能性を考える上でより重要だったという判断もあってのことと思われます。

注目されるのは、バードがこのためにボストンに本部のあった同ボードのトップである総主事G・N・クラークに依頼して推薦状を書いてもらっていたこと、そのおかげで「実に手厚いもてなしを受けている」（『完訳』第五十一報）と記していることです。日本の旅はもっぱら英国公使パークスが準備を整えましたが、バード自身も第I期の旅以来のやり方に従って有力者に推薦状を書いてもらっていたのです。

彼女の日本の旅の特質の一つ（第八の特質）がキリスト教の伝道と普及の可能性をさぐる旅であると私が考えるのは、バードが全二巻八〇〇頁を超える大著の最後の段落（『完訳』「日本の国政」）を次のような言葉で結んでいることによっています。

> 日本に忍び寄らんとしている影のうちで最も暗いものは、私の考えでは、この国が種々の果実を生み出す［キリスト教という］木を移植しないで果実［だけ］を得ようとしてきているという事実——史上初めてのこと——に由来する。国民は不道徳に陥っていて、この国が始めた競争の過程で東洋人の特異性《オリエンタリズム》という大きな石臼を首に掛けられるのである。またこの国の進歩は精神的な面のものではなく、政治的、知的な面のものである。換言すれば、最も重大な人々の運命という点に関していえば、個々にも全体的にも進歩は無きに等しい。日本に何よりも望まれるのは、この国が、私たち［西洋］の諸技術や諸科学をつかんだのと同じように積極的に、我らの主イエス・キリストが唇と命をもって説かれた初期

キリスト教の真理と純粋性をつかみとることである。また、雄々しさと国民の偉大さの真髄を備えつつキリスト教を受容する時に初めて、この国は最も高尚な意味において「日出る国《ザ・ランド・オブ・ザ・ライジング・サン》」、東アジアの光《ライト・オブ・イースタン・エイジア》となり得るのである。

I.L.B.

この文章は、新しい歴史を歩み始めた日本の進歩を鮮やかに総括する直前の段落を踏まえ、それと一体となっており、この二段落をもってバードはこの書物の結語《コンクルージョン》としています。しかも、七カ月間日本に滞在し、「日本人の中で過ごし」（はしがき）、旅を重ねて思索を重ねる中で生み出された結論です。関西・伊勢の旅の成果を、「伝道の中心」としての神戸がテーマになる第五十一報で始め、最後の報である第五十八報を「キリスト教の見通し」をテーマとして閉じ、しかも「キリスト教が日本の未来を作り上げていく原動力になるにちがいないとは確信」するものの、「キリスト教が急速に広がっていくと楽観視している私の回りの人々の考えには与《くみ》」することができないと考える者としての言葉なのです。

「序章」も帰国後に書いたものですが、その中の「多くのヨーロッパ人は日本の進歩を「ものまね」だとあざけるし、中国［清国］人と朝鮮人はそれを、嫉妬混じりの腹立たしさをうまく隠しもせず見つめている。だが、日本はわが道を進んでいる。……もしキリスト教が、これまで日本に最も強い影響力を与えてきた外来のものである仏教に打ち勝つことになれば［進歩は］なおのこと確実にそうなろう」という一文とも、結語はみごとに呼応しているのです。

さらに、キリスト教の普及と定着は彼女の個人的関心事であっただけではありませんでした。岩倉使節団が米英両国等で抗議を受けたことから、明治六年にようやく切支丹禁制の高札の撤去を引き出し、キリスト教伝道を公然と展開できるようにした欧米の外交団を率いるパークスやその下で活動するサトウの一大関心事でもあったのです。パークスが信教の自由のために力を尽くしたことや、サトウがキリシタン研究に打ち込んだこととバードの旅とは無関係ではありません。

日本における風景としてのキリスト教との出会いは、ファイソン、デニング両宣教師夫妻と会った折に、居留地の築地に教会が「群れをなす」様子を見たことに始まります。パークス夫人に連れられて芝増上寺の森に包まれた小さな神社の神官の家に住むお雇い外国人ホーズの家を訪れた時には、小さな堂宇《どうう》の一つで英国聖公会の礼拝が行われていることを知ります。そして「仏壇があったところに簡素な聖餐台が置かれ、畳敷きの床には椅子が数脚、わずかな信徒のために用意されていた」堂宇での聖餐式に翌日出席し（『完訳』第五報）、寺院が教会に転用できる可能性を感じ取ります。

これがいかに印象的だったかは、その一週間後、パークス夫妻に浅草寺《せんそうじ》に案内された際、宗派などによって寺院の設《しつら》えが異なり、「門徒宗の寺院［真宗寺院］のようにきわめて簡素な寺院」の場合には「ほとんど手を加えなくとも、明日にでもキリスト教の礼拝に利用できそうである」（『完訳』第八報）という記述をしていることによって明白です。

ですからそれから一カ月後に、パームとファイソンによる伝道活動の実態を視察した際には、寺町に並ぶ寺院を見学し、第十九報では、「キリスト教会風の装飾」という見出しの下で「新潟の寺院は見たところ全般にキリスト教の教会風で敬虔《けいけん》な感じがする。それで、仏教寺院であることを示すものを少し取り除きさえすれば、改変を加えないままキリスト教の礼拝に利用できるように思われる」と記すのです。そして、「法話が評判の説教僧」の説教の場の様子を鮮やかに描き出すのみならず、仏教とキリスト教の宗教的本質論の比較を通してその異質性を際立たせ、これがキリスト教の普及を阻《はば》む一因をなすことを示唆します。さらに、帰国留学生の、欧米では「知性ある人や地位ある人はだれもキリスト教など信じていない」などの言説がもう一つの阻止要因としてあるものの、「「日本における」キリスト教のこれまでの歩みはきわめて遅々としたものではあるが、キリスト教を抜きにして日本の行く末を考えようとする人は一つの重大な誤りを犯してはいる」という見解を表明するまでになっています。二人の宣教師の活動を多面的にとらえて高く評価し、抱えている種々の問題を明らかにしつつ、英国教会伝道協会の姿勢に鋭い批判を加えてもいるのです。

新潟の寺院を見た二週間後には秋田県南部の町、六郷で葬儀の様子を見聞する機会に恵まれますが、それを詳述した際にも葬儀が営まれた大刹本覚寺《たいさつほんがくじ》について、「美しく、カトリックの教会とほとんど違わなかった。しかも、教会とは違い飾り付けは見栄えだけのものではなかったし、趣味もよかった」と第二十五報（続）で述べます。またその四日後に久保田（秋田）の師範学校を視察した際に、「宗教は教えておられないのですか」と別れ際に尋ねたのに対して、教頭がせせら笑って、その必要はないというに留まらない返答をしたことについて、キリスト教文明を盗用するが、その文明を生み出す根幹は拒否している旨の厳しい批判的見解を記しています（『完訳』第二十六報）。

興味深いのは、それから二週間後、黒石から山間の温湯《ぬるゆ》温泉に一人で日帰りの旅をした際のこととして、「揺らぐ希望」という小見出しの下で、キリスト教の普及を意図するそれまでの考えに揺らぎが生じ、いくつもの「疑問が日々間断なく私の上にのしかかってくる」ことを、それが「ごく弱いもの」だと断りながらも告白し、聖書の言葉を引きながら、父なる神は異教徒の子孫の救済をどのようにお考えになっているのかと問うていることです（『完訳』第三十六報）。このようなことを記す際に、伝道活動を非難したりその重要性を疑問視するものではないと注記している点は、伝道の必要性を再確認していることの証です。

関西・伊勢方面の旅は、キリスト教を念頭に置いての旅という性格がきわめて強かったと言えます。西本願寺を訪問したのも、浄土真宗が「たとえ最大宗派ではないにしろ、知的であり影響力が大きく資力もあるという点では第一の宗派をなし」ていて、「キリスト教との論争に備え」るために僧侶を英国に派遣しており、その一人である「英語を話す僧侶」「赤松《アカマツ》」（赤松連城《れんじょう》）と、仏教とキリスト教を巡っての宗教談義を行うためだったことは、第五十三報に明らかです。

その際、会談の場所となった西本願寺の殿舎や飛雲閣にも細やかな観察眼に基づく生き生きした描写を行っているのは、瞬時にして風景をとらえ叙述するバードならではの資質の好例です。さらに、私は、その描写と宗教談義を結びつけ、「日本の将来の宗教を組織していくのは」釈迦とキリストのいずれであろうかという趣旨の言葉でこの報を閉じるところに、キリスト教の普及と伝道の可能性を強く意識した旅という特質が見て取れると考えています（バードは「どの宗派の宣教師たちも［神道と仏教という］日本の二大信仰についてはほとんど何も知らない」（『完訳』第五十一報）ままにしていることに一応理解は示しつつも批判し、それがこの対談を生んでいるのです）。

そのような彼女にとって、また「教育を受けた今日の日本人ほど純然たる無神論と完全なる物質主義に拠って立つ者はこの地球上にいないと思われる」（『完訳』東京に関する覚書（結））と憂えた彼女にとって、同志社女学校に滞在し、同志社英学校《キョウト・カレッジ》で授業参観を行って、「強烈なキリスト教精神」の持ち主で「日本におけるキリスト教の普及を楽観視して」いるデイヴィス校長を中心に行われている水準の高い授業を目のあたりにしたり、学校にも生徒にもキリスト教的なるものが行き渡っていることを確認できたことは、喜びだったに違いありません。

彼女が創設者新島《ニイシマ》襄・八重夫妻を新居に訪ねたのは当然で、日本人として「最初の牧師」である新島の個人史を聞き出していますが、そのことを通して「温情にあふれた開明的キリスト教徒であると同時に、国を思う気持ちの非常に強い日本人でもある」と感じ、「キリスト教の見通しに関しては一緒に活動しているアメリカ人［宣教師］たちほどには楽観視してはいない」という答えを彼から引き出しています（いずれも『完訳』第五十二報）。

京都・伊勢神宮・大津・大阪を経て三四日ぶりに神戸に戻ってきた時には、アメリカン・ボードの活動について、英国教会伝道協会とは異なる特徴や成果を医療伝道活動を中心に、より本格的に掌握し、キリスト教信者の集まりに出るために有馬にまで出かけていますが、実はバードが大阪から神戸に戻ったのは一〇月末に完成した神戸教会の教会堂開会式のまさに前日であり、その翌日には「第一回日本基督伝道会社年会」がここで開かれている事実、さらには三田に出かけたのは会議の四日後のことであった事実が考証によって判明するのです（『完訳』第五十八報、訳注29）。

それらを踏まえバードは「しかし日本が「キリスト教を受け入れる機は熟している」と考えるのは大変な誤りだと言わざるをえない」と断じ、そのこともわかりつつ、否わかっているだけに、膨大な著作の結語を前記（一四五頁）のような言葉で綴ったのです。

そして一六、七年後に極東の旅のベースキャンプとして、此方《こなた》の国となった日本に滞在した証として『新版　日本奥地紀行』を新しい成果である写真を追加して出版した時には、すでにこの予見が正しかったことを認識し、「序文」では「知識階級の青年はほとんどすべてが不可知論者である。カトリック、ギリシア正教、プロテスタントを信仰している人の数は一〇万人を超えているが、キリスト教が広がる見通しは、私が最初にこの国を訪れたときに比べてみても、明るくない」と記す（『極東の旅2』）一方で、「日本の国政」の最後の二段落は削除せず、日本がキリスト教を受容する意義を依然として力説し『新版』の結語ともしたのです（前述）。

なお、以上、私はバードの日本の旅の目的の一つがキリスト教——といってもプロテスタントですが——の普及の可能性を考えることにあったという、従来等閑視されてきた事実を、彼女の記述を通して明らかにしましたが、このことを裏づける事実はこれ以外にもあります。そのうち最も重要なことは、デニングが明治九年の夏に一ヵ月にわたって平取を中心とするアイヌの集落に滞在し、ペンリウクとの親交を築いていったのはアイヌ伝道の端緒を開くものであったと同時に、二年後のバードのペンリウク宅における調査に結びついていくものだったと考えられることとです（後述）。そして英国教会伝道協会の機関誌の一つ『チャーチ・ミショナリー・インテリジェンサー』に掲載された書評論文の著者がバードとリード、オールコック、とくに前二つの作品を論じた際、バードのそれを高く評価すると同時に、彼女の旅がキリスト教の伝道と普及の可能性を探る旅であったという私の見解に符合する諸事実を取り上げていることです（K, JAPAN: Review of Miss Bird's, Sir E. Reed's and Sir R. Alcock's Works on Japan, *The Church Missionary Intelligencer and Record, A Monthly Journal of Missionary Information*. Vol.VI, New Series, 1881）。

書簡を書き送らなかった旅

「はしがき」でバードが「私は本書を旅先で妹と親しい友人たちに書いた書簡を中心とする形にした」と記しているように、同書は書簡の形をとっています。しかしバードは旅先から書簡を送っていたのでしょうか。

高梨健吉氏はバードが旅先で手紙を書きそれを英国に送ったと解しましたし、ほかの訳者も同じだった上に、このような考えは専門家・研究者に共通する理解でもありました。たとえば、加納孝代氏は、『国文学　解釈と鑑賞』60巻3号（一九九五）所収の論文「イザベラ・バード『日本奥地紀行』――十九世紀最大の女性旅行家イザベラ・バード」でも「妹ヘンリエッタに宛てて逐一報告した手紙が、この旅行記の土台なのである」と書いています。一般向けの著者も同様で、『イザベラ・バード『日本奥地紀行』（週刊真説歴史の道　第50号）』（小学館、二〇一一）で竹内正浩氏は、「旅先の各地から、イギリスの妹ヘンリエッタ宛《あて》に出した日記風の手紙を中心に、編集構成したものである」ことを前提として全体を語り、渋谷光夫『イザベラ・バードの山形路』（無明舎出版、二〇一一）も、「各地で手紙を投函して」おり、「郵便の普及」が旅の成功の一因だったと尾鰭《おひれ》をつけます。旅の文化研究所編『旅と観光の年表』（河出書房新社、二〇一一）のように事典的な書物でさえ、「日本を訪れた翌々年、妹に書き送った書簡をもとに出版」としています（時岡氏や高畑氏がこの旅行記を〝ですます調〟で訳すのも、個人的な手紙を基にした作品であるという誤った理解に基づくものです）。

このように、訳者の誤りはそれに依拠してバードの旅を考える人の著作に伝わり、それがまた憶測に基づく拡大解釈を生み読者に伝えるという連鎖が生じ、私信を現地から書き送り、それがもとになって日本の旅の書物ができたという理解が完全に定着しています。

しかし、旅先から書き送ったとするのは明らかに誤りです。バードの原文には sent の語はなく、英国に宛てて送ったとは記していません。そもそも、詳細は紙幅の関係で省きますが、日々の旅の進み方を踏まえて原文を読解し、郵便局の立地などもわかる駅逓局『明治十一年日本帝国郵便規則及罰則』や『大日本帝国神選里程全図』（明治一三年）のような基礎資料や、当時の外国郵便制度に関する研究書を見れば、旅先から送ることなど不可能でした。

また、写しを取る時間的ゆとりなどない旅であり、重要な内容の、時に大変な分量のものが、一度でも紛失すれば書物にすることが不可能になるわけですから、旅先から日々送るはずもありません。F・V・ディキンズも『パークス伝』でバードの日本の旅の記録に言及していますが、この本が現地で書かれた書簡《レター》からなっているとするだけで、書き送ったとはしていません。

さらに重要なのは、一九九四年のジョン・マレー社の調査で私が確認した事実です。同社には、日本の旅の前のオーストラリア、ハワイおよびロッキー山脈の旅と、日本の旅に引き続いて行った香港・広東・マレー半島の旅については、旅行記の基になった、My Pet とか、My own darling とか、My ownest とか、My Own One のような書き出しで始まる妹への手紙が残されていたのに対して、日本の旅については、「京都から伊勢」「伊勢神宮」「大阪2」「大阪3・有馬」と題する、各一九、三、八、三枚の旅日誌のようなものと、八月一一日と翌一二日に函館からそれぞれ、マレー三世、ブラッキー夫人に送った通常の書簡があるに過ぎなかったのです（現在は国立スコットランド図書館所蔵）。

しかもこれら計三三枚の日誌のようなものの内容は、原著とは明確に異なる無味乾燥なものです。このことは、これらの手書き資料を活字化したチャバックの編著『ヘンリエッタへの手紙』によっても確認できます（なお、チャバック自身は「イザベラが日本で過ごした六カ月については残念ながらヘンリエッタへの手紙はないようである」と記し、手紙が残っていないのが不思議だととらえていますが、ないのは当然です）。

日本以外で、バードが手紙形式で書いた旅行記は、両親が亡くなって後の第Ⅱ期のハワイとロッキー山脈の旅の作品および第Ⅲ期の旅のうち中国・マレー半島の旅の作品だけです。そして、これらに関しては手紙も残っています。この事実は、逆に言えば、日本の旅ではこのような書簡が書かれなかったということ、つまり単に手紙形式をとっただけだと考えるほかないことを示します。彼女が旅先で記していたのは「丹念に記した覚書《ケアフル・ノート》」です。

ではなぜバードは手紙形式で記したのでしょうか。これについて彼女自身は、「はしがき」で「芸術的な脚色や文学的な修辞を犠牲にすることになるし、どうしても自己中心的になる」ので「やや不本意ではあった」ものの、反面では旅先での出来事をそれが、よいことであれ悪いことであれ、読者が旅人と共有できると記しています。私はそれだけではなく、この旅が単なる個人的な旅ではない（後述）が故に、いっそう、読者と旅人が旅を共有できるこの形式をとったと考えます。また、記述した「もの」や「こと」に関する自分の率直な思いを併せ記すところに自分の作品のよさがあることも意識したこと、書物が妹との協同作業になっていることを表したかったこと、ハワイやロッキー山脈の旅行記との書き方の連続性などを意識していたからだと考えます。

確認できる限り、バードは旅先で四通の手紙を書いています。ですが、この事実は本項で強調した見解と矛盾しません。内容が書物の下敷きになったようなものではない上に、次のような事実があるからです。

この四通のうち三通は函館に着き平取への旅に出る前に書いたものです。レディ・ミドゥルトンに宛てたものは九月三〇日付ですので、北海道の旅を終え英国公使館に戻ってから書いたことがわかります。また、先の三通のうち、妹に宛てたものは、ストダートの部分引用なので日付はわかりませんが、ジョン・マレーとブラッキー夫人に宛てたものは、それぞれ八月一一日、一二日付ですので、まず一〇日に妹に宛てて書き、その後、マレーとブラッキー夫人に一日に一通書き、いずれも函館からではなく東京の公使館から英国に送られたと考えられます。

その根拠は、マレーへの手紙の冒頭で、「日付　蝦夷、函館　八月一一日」と記すだけでなく、「住所　日本国・東京　英国公使館バース勲爵士サー・ハリー・パークス気付」とし、ブラッキー夫人宛の手紙でも最後に「住所は東京の英国公使館」と記していることです。前者の場合には返事が確実にくる内容であり、それを受け取る時には東京の公使館に入っているということもありますが、後者はブラッキー夫人からの手紙を函館で受け取ったことの返信ですので、返事がこないかもしれませんから、英国との手紙のやりとりが東京の英国公使館を住所とする形で行われていたことを示しています。

函館に着いたバードが、宣教師デニング夫妻宅で読むことのできた二三通もの手紙も、デニング宅に郵送されていたわけではなく、ヘボン夫妻が公使館に届いたものを函館まで持参して手渡したと考えられます。つまり、ヘボン夫妻はバードが青森から函館に着くのに合わせて、手紙を持参して来函しており、おそらくは彼女の体調を医師として確認し、平取への旅に必要な薬を用意し、一〇日後に平取に向かって出発したバードを見送り、一ヵ月後に無事函館に戻ってきた彼女と一緒に横浜まで戻ったのです。六月一〇日に蝦夷への旅に出た際、一泊目の粕《かす》壁《かべ》の宿にパークスが差し向けた使者が運んできた小包みの中にヘンリエッタからの手紙と電報があったことをバードは感動的に綴っています（『完訳』第九報）が、これも手紙のやりとりが公使館を介して行われていたことの証です。このことからも手紙が旅先から出されたものではないことがわかります。函館と粕壁で手紙を受け取った時の喜びを引用しておきます。

吉報を含む二三通もの手紙が届いていることを知った喜び。それらを英国人の家庭に泊めてもらい、暖かさと静けさに包まれて読むことのできる喜び！　これらの喜びがいかばかりだったかはだれにも思い及ぶまい。（『完訳』第三十七報）

彼ら［巡査］がほの暗いランプの光で私の旅行免状を写し取っている間に、私は江戸［東京］から届いた小包を開けた。中にはレモンの砂糖漬一缶、ハリー・パークス卿からの思いやりに満ちた短い書簡、そしてあなた［妹ヘンリエッタ］からの手紙の束が入っていた。私が手紙の封を切ろうとしていると、伊藤《イト》と巡査はランプを持って私の部屋から音もなく出ていった。私は、六週間もの間待ち望んでいた手紙と電報があるのにそれを開封もせずベッドの上に置いたまま夜明けまで、心が落ち着かぬまま、横たわっていた！（『完訳』第九報）

以上、私は、「書簡を書き送らなかった旅」という事実は、「常識」化しているこれまでの理解が誤りであることを正す意味でも、この旅の特質（第九の特質）として掲げられてよいと考えます。

新聞に報道された旅

バードが日本を訪れた時代は、すでに欧米人による世界漫遊旅行が行われていた時代です（日本もその埒外にはありませんでした）。しかし彼女はそのような物見遊山的で気楽な旅をする一介の旅人ではなく、要人として視察的な特別な旅をしていました。それは、旅先で世話になる組織や人々はもちろん、たまたま出会った人々にも、通訳兼従者の伊藤が必要に応じて紹介することによって伝えられていました。鬼怒川河谷の五十里《いかり》の宿で、伊藤がバードの旅行免状を集まっている村人全員に声を出して読んで聞かせ、バードを学問のある人という意味で「学者」だと紹介した（『完訳』第十四報）ことや、新庄で痛みと高熱に苦しむバードを往診した旧藩医楠の、三度も深々とお辞儀をするという振る舞い（『完訳』第二十四報）など多数の事例によって確認できます。さらに注目すべきは、バードとその旅が、新聞という新しい伝達手段によって、当該府県の社会に伝えられていたということです（第一〇の特質）。その一つについてはバード自身も言及していますので、まずこの例を見ます。

「日本の国政」などを除く、旅の記録としては最後になる第五十九報の末尾で彼女は注を付し、桐ヶ谷火葬場訪問の記事が明治一一年一二月一九日付『読売新聞』に掲載され、それをチェンバレンに訳してもらったとして、新聞の性格にまで触れ、次のように記します。

　この遠出については以下のような大変不正確だが面白い記事が『読売新聞《ヨミウリシンブン》』に掲載された。この新聞は最高級というわけではないが、東京で最大の発行部数を誇る日刊紙であり、役人や商人が購読している。以下はチェンバレン氏の直訳である――

「昨日本紙が「バードという英国人」として述べた人は、英国はスコットランドの婦人である。この婦人は旅をして過ごしており、両［南北］アメリカ大陸を後にしてサンドイッチ諸島に立ち寄り、五月上旬に日本へ来た。そして全国を巡り、北海道《ホッカイドウ》にも五ヵ月滞留し、この地の習俗物産を調べた。昨日の桐ヶ谷《キリガヤ》の火葬場視察も「火葬という」死体の処理法の良いことを知り、同じ方法を英国にも導入したいと思ったことによる（！）という。この婦人は多くの書物を出版しているほどの識者なので、知事閣下は昨日喜んで面会して懇《ねんご》ろに取り扱われ、自分の馬車で桐ヶ谷《キリガヤ》まで遣ったので、婦人もその厚意を喜んだという（！）」。

バードが、この記事が大変不正確だと記すのは、日本に来た時には南アメリカを訪れても、サンドイッチ諸島に立ち寄ってもおらず、五月二〇日である来日日も五月上旬と誤り、北海道滞在が一カ月余りなのを五カ月と誤り、全国を旅したというのも間違いであるからです。

しかし、記事の中に南北アメリカやサンドイッチ諸島が出るのは、バードがサンドイッチ諸島の旅について語り、日本の旅の前に南アメリカの旅を計画したことがあったことを語ったことを窺わせます。また、来日の時期についてはサンフランシスコを発ったのが五月上旬ですのでそれと間違えたと推察されますし、北海道滞在期間を五カ月としたのも、来日後関西・伊勢方面の旅に出発するまでの期間と取り違えた可能性があります。そうだとしますと、バードが自分の素性や日本を訪れるに至った経緯まで東京府で説明していたことになり、バードの旅が単なる物見遊山ではなく、「習俗物産を調べた」り、「死体の処理法」を「英国にも導入したい」と考える調査目的のものだったと記者も認識して府民に報道していたことになります。

また同紙が前日にもバードについて報道していたこともわかりますので、それがどのような記事だったのかといいますと、一二月一八日付では、「英国人《イギリスじん》のボルド氏ハ府下の火葬場を見分志《し》たいと東京府へ願ひ出て昨日桐が谷村の火葬場へ見分に参られたといふ」となっています（新聞のルビは原則として読みにくい漢字について新仮名で付した。以下同）。

これも訪問後の記事ですので、訪問の事実だけを伝えたのちに翌日改めて詳述したことがわかります。バードの記述と完全には一致しないという以上に、「取り調べ」という表現も用いた記事自体が重要ですので引用しますと、次のように記されています――。

昨日英国人《イギリスじん》のボルド氏と出《だ》したハ同国蘇格蘭《スコツトランド》ヱヂンボルグの婦人ミス、ボルドのことにて此婦人ハ良人もなく諸国を経歴《へめぐ》り今年も南北亜米利加《アメリカ》より三乙《サンドイツ》に立寄り五月上旬に日本《につぽん》へ来て国々を巡り北海道へも五ケ月余り滞留して風土物産のことなどを取調べ昨日桐が谷の火葬場を見分志《し》たのも火葬の良いことを知り英国にも行ひたいとの趣意であるといふが此婦人ハ書物の著述抔《など》も沢山あるくらゐの学者ゆゑ知事公も昨日面会されて懇親《ねんごろ》に取扱はれ自分の馬車を貸して遣《や》られたので婦人も厚意を喜んで居るといふ

読者は、彼女の旅がきわめて特異なものであったことや、そのような旅が認められたこと、

そしてそのような英国女性がいたとの記事に、驚くに違いありません。

この新聞報道は、彼女が日本を去る前々日と前日でした。しかし、実は、旅をしていた最中《さなか》にも、彼女と彼女の旅は新聞で報じられていたのです。二つの例があります。

その一つは明治一一年七月二六日付の『遐邇《かじ》新聞』における次の記事です。


今般英吉利《イギリス》国の婦人イサベウビルト氏（本年三十九）諸学研究の為め我日本全国を遊歴し本月廿二日県庁下着同廿三日当師範学校へ参観に出てたるに付副校長青木君之れと応接なりしかハ学校の維持方法生徒の授業法より資金の事等まて問ハれしに青木君も元来英語に通《つう》したる方なれハ苔弁《ママ》聊《いささ》かも差支無く大《おおい》に御都合もよかりしとなん婦人も本校学事の宜《よろし》きを賛称せしよし同廿四日病院へ参観なりしか患者の多寡《たか》施薬の方法等親しく問合か有りしとそ此婦人ハ英国倫敦府《ロンドンふ》の病院の副院長なるよし

記者が間違えたのか、バードと伊藤の側が正確に伝えなかったのかはわかりませんが、バードの年齢こそ正しくないとはいえ、この記事は彼女の旅が新聞で公にされるものとして行われていることを如実に物語っています。それだけではなく、少なくともこの記事を書いた記者は、バードが「諸学研究」目的の旅をする女性であることを認識し、それ故にニュース性のある記事として掲載したと考えられますし、この記事を読んだ当時の読者も、この英国女性とその旅の特異性は多少とも認識できたはずだとわかります。しかも、師範学校においてその維持管理や授業法のみならず資金についてまで質問したことを伝える記事は、バードの記述と符合しています。また、ロンドンの病院の副院長だったという事実はないのですが、病院訪問を重要なことととらえ、これを成功させるために「上等の絹の着物に身を包んで私に同行し、これまで最高の働きをした」（『完訳』第二十六報）伊藤《イト》が目的達成のためにそう言った可能性があり、それはそれで興味がもたれます。

もう一つの記事はこれから二五日後になる八月二〇日付『函館新聞』で、次のように記されています。

英国《えいこく》エデンボルフ州のミッスブアイルドといふ婦人ハ世界万国遊歴のため此頃当港へ渡り同国領事ユースデン氏夫婦と共に函館懲役場へ行き工業場囚人の檻室園中《かんしつえんちゆう》等を尽《ことごと》く熟覧せしが殊《こと》に製作物の精工なるを賞賛し同場にて製せし蠟燭又ハ製革抔《せいかくなど》を買求めしハ本国へ持帰へるとの事又《また》場中の清潔なるを賞め支那地方にて見るところの不潔なるに比すれバ雲泥の違ひなりと咄《はな》せしといふ

バードが懲役場を訪れたのは八月一六日と考えられるので（『完訳』第三十九報）、すでに平取をめざして出発して三日後に出た記事ですが、注目されるのは、この記事でもバードの旅を視察のための旅と報じていること、しかも、懲役場という特殊な施設を領事の同行を得て訪問したことを報じていることです。この時点ではまだ「支那地方」は訪れていませんから、パークスから話を聞いており、それを踏まえて話したという興味深いこともわかります（七七頁参照）。

以上から明らかなことは、バードの旅が、岩倉使節団の旅と同様、一言で言えば視察の旅、調査の旅であったということと、そのような旅として「報道」され、日本国民に伝えられていたということです。バード自身が本書の冒頭で、日本について「調査研究の対象になる国であることがわかった。その興味深さには予測をはるかに超えるものがあった」と記しています。また、同じ「はしがき」において次のようにも記している点は、これが帰国後に出版に際して書かれていることを知っている私にはなおのこと、無視してよい言葉とは思えません。

本書の書簡［報］には、農民が置かれている状況を通常言われているよりも酷《ひど》く描いているものがあるので、読者のなかには、これほどまでに生々しく書くことはなかったのにと思う人がいるかもしれない。しかし、そのような状況が一般的に存在するのであり、私の作り話でもなければ、そのような状況を求めて出かけたわけでもない。事実を明らかにしようとしただけである。日本政府が新しい文明を築き上げる上で取り組むべきものが何であるか、その大半はこのような状況の例示から得られるのである。私は何よりも正確であることを旨としてきた……

この旅が個人的な好奇心に基づくようなものではないということをバードが明言している貴重なメッセージです。バードは明治一一年の現実として記しており、未来のために資するところがあるとの自負心さえ吐露している点は注目せねばなりません。そもそも第Ⅰ期の旅以来、彼女の旅は単なる個人的好奇心にまかせて進めていくものではありませんでした。

「本書は「日本研究書」ではない」というバードの言葉は、その基になった旅が「調査研究」の旅だったことと矛盾するわけではありません。これに続けて「日本での旅の記録《ナラテイヴ》であり、この国の現状に関する知識を幾分なりとも豊かにしようとの試みである」（『完訳』「はしがき」）と記しているように、観察にとどまらず、時に調査さえ伴う旅だったことが肝心です。

この意味で赤坂憲雄氏が、「バードは読者に向けて、「私が見たままの日本の姿を描きたいという、誠実な試み」として受け取ってほしい、と語りかけている。しかし、それは綿密な調査に裏づけられた研究書といったものではない。あくまで、通りすがりの異邦人が書き残した紀行エッセイにすぎないことを、肝に銘じておく必要がある。……『日本奥地紀行』に向かいあうとき、わたしたちはまず、それがいわば、旅する異邦人によって書き残された、ある意味では気まぐれな採集記録にすぎないことを、再確認しておいたほうがいい」（「十三の峠を越えて――イザベラ・バードの見た置賜の人々」『北の旅学――やまがた』、小学館、二〇〇四、所収）という理解は誤りです。バードの旅と旅行記をこのように解したのでは、旅を立案したパークスも、真摯に実行し、記述したバードの思いも、歴史的文脈において位置づけ得ません。第一〇の特質として掲げられてよい、新聞に報道された旅という特質は、以上のことからも重要です。また、宮本常一氏や渡辺京二氏（『逝きし世の面影』平凡社ライブラリー、二〇〇五。元版は『逝きし世の面影――日本近代素描1』葦書房、一九九八）のバードの高い評価は私ももちろん首肯《しゅこう》するところですが、バードの記述の正確さと関心の幅広さ・奥深さが何に由来するのか、つまり旅自体の特質を誤解したり（宮本氏）、留意したりせず（渡辺氏）、ともにおそらくは個人的な旅ととらえている点には疑問があります。本書の冒頭で明示したように、旅行記の読みと科学には、旅そのものについての理解が不可欠なのです。

用意万端整ってなされた旅

以上、私はこの旅が、彼女の単なる個人的な旅ではなく、日本のありのままの姿を旅を通してとらえる最高の人＝女性として選ばれたバードが、責務を果たさんと全力を傾けた旅であるという新説を提示しました。本項ではパークスがいかに周到に準備した上でバードに託したのか、それをバードが十分に認識し、いかに最大限の努力をしたのかについて、客観的な事実を提示して、旅の特質（第一一の特質）として論じます。

彼女は「私は長い旅に出た」という文で始まる第九報で、「旅の装備」という小見出しの下に重要な記述をしています。

注目したいのは、「馬一頭でどうにか運ぶことができる重さ」になるように、自分の荷物を一一〇ポンド（五〇キロ）、伊藤の荷物を九〇ポンド（四一キロ）になるよう熟慮し、食料については「リービッヒ製肉エキスを少々と、四ポンド［一・八キロ］の干し葡萄と、少量のチョコレートと少量のブランデーを持参しただけ」にした一方、「ブラントン氏の大きな日本地図、英国アジア協会紀要［『日本アジア協会紀要』］数巻、サトウ氏の英和辞典も持った」と記していることです。この三つは、彼女の旅が物見遊山の旅ではないことと同時に、この旅が用意万端を整えて実施されたことをよく示しています。

説明を加えます。まず辞典や雑誌よりも先に掲げている「ブラントン氏の大きな日本地図」とは、この「旅行記を丹念に読」んだ池内紀氏が、同じく旅に造詣《ぞうけい》の深い樺山紘一氏との対談の中で「それがどの程度のものであったか分からないけれど、例えば仙台みたいな大きな町とか一応街道くらいは描いてあったんでしょうね」（『大航海』No.4、一九九五）と想定したようなものではまったくありません。日本を縦横に各二分割した四枚の原図シートを貼り合わせると縦一五一センチ、横一一六センチにもなるまさに大図 *Nippon [Japan]* であり、旅の成就にとって不可欠なものでした。彼女はこれを読図して旅を進めていったのです（金坂清則「バードの旅、ブラントンの地図」『地域と環境』No. 1、一九九八）。

長く幻の地図だったこの地図（雑誌『地図』36-3、36-4、一九九八、に複製図を論文の添付物として収録）は灯台建設に大きな足跡を残したお雇い外国人ブラントンが編集した縮尺約一二六万七〇〇〇分の一の日本地図（Compiled by R. H. Brunton, *Nippon [Japan]*, Messrs. Trübner and Co., 1876）です。「欧米の各国政府の各部局や、日本と貿易する商社などに広く購買された」（R・H・ブラントン著、徳力真太郎訳『お雇い外人の見た近代日本』講談社学術文庫、一九八六）ので、バードの旅のためだけに作成されたわけではありませんが、バードによる旅を立案したパークスが準備の一環として、ブラントンに作成を命じたと私は考えます。直接の証拠はありませんが、ローマ字表記されたこのような詳細な日本地図がなければ旅を行うことができなかった以上、パークスにとって、そのような地図の作成が避けて通れないものだったことは間接的証拠になります。また、本図の北端に平取が位置するような図取りになっていることや、ブラントン自身が、「日本内陸を旅行する者もこの地図の価値を認めた。ミス・バードは彼女の著書『日本の未開発の地方（*Unbeaten Tracks in Japan*）』の中で、この地図はよき案内書であったが、時には失望したこともあった、と書いている」と記し（同前）、この地図の利用者としてバードだけをあげていることも傍証になります。しかも、日本の海軍省の招きで来日したリード卿もまたこの地図を用いていたことがその著書によってわかります（八二頁参照）。

さらに、ブラントンはこの地図の作成を「日本を辞去する前の仕事の一つ」として、また通訳らの助けを得て行ったと記している一方、雇用が切れて帰国したのが明治九年三月であり、その一年前にはこのことが予告されていたことからすると、予告以後離日前に通訳藤倉見達《けんたつ》ら日本人部下の援助を得て編集したと考えられます。この時期はまさにパークスがバードによる旅を立案計画した時期にあたっているのです。加えて、ブラントンがパークスの力を後ろ盾として灯台建設などの仕事に邁進《まいしん》した人物であったことや、明治二年に外務大輔《だいふ》寺島から日本地図の作成についての相談を受ける人物でもあったほか、編集した地図のベースマップにした伊能図を業務によく用いていたことや、明治四年八月に横浜と半径六マイル以内の近郊（条約による外国人の行動半径）の測量を実施していたという事実もあります。

以上のような考えは、いわば三種の神器の三つ目のものとしてあげる「サトウ氏の英和辞典」すなわち、Ernest Mason Satow and Ishibashi Masakata, *An English-Japanese Dictionary of the Spoken Language*（『英和口語辞典』）もまた同じ年の春に、しかも同じ出版社から出版されているという注目すべき事実によって、裏づけられます。この辞典は、London, Trübner & Co, Yokohama, Lane, Crawford & Co., 1876 という書誌事項からもわかるように、横浜にあった英国出版社でも出版されていますが、ロンドンのトリュブナー社が筆頭出版社であり、しかも同社はブラントン図の出版のみならず、編集も行っているのです。これによってブラントン図の編集と英和辞典の編纂は同社で同時進行の形で行われていたことが判明するのです（当時サトウは賜暇《しか》休暇で母国に戻っており、辞書の出版のためには好都合でした）。

この辞典はバードにとって、伊藤との会話の際に不可欠であったことは言うまでもありません（間接的には伊藤にとっても役立ったに違いありません）。和英・英和を併せた辞典という点では、これよりも四年前の明治四年に第二版が出たJ. C. Hepburn, *A Japanese-English and English-Japanese Dictionary*（平文先生編訳『和英語林集成』横浜、一八七二）, Second Edition, Shanghai, American Presbyterian Mission Press, 1872 がよいにもかかわらず、またヘボンは通訳兼従者のいわば面接主任であったにもかかわらず、サトウの辞書を持参したのは、ヘボンの辞書が和英に力点が置かれていたのに対して、バードにとっては和英よりも英和が役立ち、この英和に関してはサトウの辞典のほうが当時から評価が高く、しかも一・九キロもあったヘボンの辞典よりもぐっと軽く判型も縦横一三・九×九・二センチからだと判断されます。

　ブラントン日本図のローマ字表記にあたって「サトウ氏の推薦《すいせん》する綴字法《ていじ》」によったとブラントンが記していることは注目され、この二つがバードの利用を意識していたことを窺わせます。

　バードが持参した「英国アジア協会紀要」とは、彼女がthe Transactions of the English Asiatic Society と記した雑誌で、パークスやサトウ、そしてブラントンほか日本に住む外交官やお雇い外国人などの英国人が中心となり、日本を多面的に知るために研究し成果を発表することを目的として明治五年七月に設立した The Asiatic Society of Japan、つまり日本アジア協会の機関誌『日本アジア協会紀要』のことですが、その中には旅に直接結びつく論文が収載されていました。

　たとえば、碇ヶ関で子供の遊びについて詳述する（『完訳』第三十三報（続））際、この雑誌の「論文を読ん」でいると記すのですが、これは第二巻に収載された子供の遊びに関するW・

E・グリフィスの論文で、刊行は明治七年です。また置賜県に関する前述のC・H・ダラス論文が収められた第三巻二号が出たのは明治八年です。アイヌの弓の毒に関するS・エルドリッジの論文が収められた第四巻が出たのは明治九年です。彼女が来日し蝦夷への旅に出発した時点での最新号は第六巻一号だったと考えられますが、ここにも脚気《かっけ》に関するW・アンダソンの論文や日本への煙草の伝来に関するサトウの論文、中国と日本へのキリスト教の伝来に関するJ・H・ガビンズの論文が収められています。いずれも旅先でこれらに関わることを記していますので、この四冊を持参していたことは確実です（私が所蔵する巻・号のボリュームからしますと、かさばるものではありませんでした）。

言うまでもなく、パークスはバードの旅だけを単独に立案したわけではありません。慶応元（一八六五）年六月の着任以来欧米列強の牽引者として辣腕《らつわん》をふるう中で、組織的な調査・研究によって日本を明らかにする必要があると考えてきたパークスは、日本アジア協会を設立し、公使館員にも得意分野の研究を奨励してきた戦略の一翼として、一大変革を経て古いものが残存する日本の真の姿を、蝦夷の先住民であるアイヌの特質も含め、明らかにする調査の旅が不可欠だと考えていました。そして、外国人の内地旅行に一つの決着を見たチャンスを生かして、外交官にしか認められていない自由度のある旅を自国の民間人が行うことによって、日本の真の姿を目撃する旅を立案・計画したのであり、上記のいわば三種の神器はその周到な準備の一部でした。

バードが持参したのは第六巻一号まででしたが、先の第二巻にはサトウの伊勢神宮に関する論文も収められています。また、二つの覚書で東京がどのようなところかを鮮やかに描き出す際に利用したグリフィスの論文を収める第一巻や、付録の「神道に関する覚書」において利用したサトウの長大な論文を収める第三巻一号など、この時は持参しなかったと考えられるものの中にも、旅とその記録にとって重要な論文がすでに出ていたことや、滞在中には、白粉《おしろい》の製法に関するR・W・アトキンソンの論文や火山に関するD・H・マーシャルの論文を収める第六巻第二号や、新旧の首都に関するW・G・ディクソンの論文や気候に関するJ・J・ラインの論文を収める第六巻三号が出たこともここで指摘しておきます。

以上によって、旅を実りあるものにする上での準備を学術資料に関して整えた上での旅の実施であった内実が明らかになりましたが、すでに見たルートの設定や次節で触れる旅の装備に加えて、旅の実施にあたっての状況に関しても的確な判断をしていたことを見逃してはなりません。

まず、どのように旅を進めていくかという重要問題については、パークスは内国通運会社を利用するのがよいと判断したのですが、従来の運送請負業のほか、末端に人馬継立所を設置して継立業も独占的に行う内国通運会社の制度が始まったのも、内地旅行免状方式に改まった明治八年でしたし、明治五年一月に伝馬《てんま》・助郷《すけごう》に替わる新しい制度として大蔵省によって設立が認可された全国の陸運会社を解散してのことでした。

さらに、その明治五年二月に切支丹禁制の高札が撤去されることになって新潟や函館、横浜、神戸などで伝道活動が始まったことも、旅の実施にあたって重要な意味を持っていました。治安の問題も安全な旅の実施という点で重要なことでしたが、旅を立案したと推察される明治八年夏の時点ではすでに戊辰《ぼしん》戦争の終結からは六年が経過し、その後の東北や北海道の状況から問題ないとの判断がなされたでしょうし、明治一〇年二月に始まった西南戦争が九月に終わり、政治・治安上の不安も以前に比べれば小さくなったと判断したと考えられます。

バード来日の一週間前の五月一四日には事実上政府の実権を明治六年以来握ってきた内務卿大久保利通が暗殺される紀尾井坂の変がありましたが、この時はすでに太平洋を横浜に向かっていましたし、西南戦争の行賞《こうしょう》についての不満に基づく近衛兵部隊の武装反乱、竹橋事件が八月二三日に起こった時にはすでに平取目前でした。彼女は大久保の暗殺について二回記述しています。

パークスの周到な準備に関わっては、すでに米独仏が日本政府とりわけ寺島宗則から許可を得て内地旅行を明治三年以降行っていた事実を踏まえて英国による同様の旅を立案・計画して、事実上無制限の旅を行うことを認めさせたのみならず、日本側の支援と協力を得る状況さえ生み出した上でバードの旅を実施した（詳細は次章）ことも見逃せません。また、マリーズの植物採集の旅の従者兼通訳として伊藤を採用した時点ですでにパークスがバードによる日本の旅の準備を進めていたことからすると、マリーズの旅における伊藤の同道はバードの旅を円滑にするための訓練を兼ねる意味もあったとさえ考えられます。

アイヌ社会の特質を明らかにする旅

　パークスがこの日本の旅を何よりも蝦夷への旅、アイヌ社会の中心平取への旅として計画したのには、いくつかの理由が考えられます。一つには旧来の秩序が崩れ西洋的なものが入り込んで変容する一方で、古いものが生き残る日本のありのままの姿を明らかにするには、本州北部《ノーザン・ジャパン》を抜けるとともに、日本の一部となっている蝦夷について、先住民の社会の特質と和人による支配の影響を明らかにする必要があると意識したからだと考えられます。欧米人がほとんど足を踏み入れたことがないという意味の Unbeaten Tracks という言葉を組み込んで *Unbeaten Tracks in Japan* という簡潔で印象的な表題（主題）を考えたのがパークスであるという事実（七二頁参照）は、彼がこの二つの地域の旅を重視したことと符合します。

　アイヌについては、日本人（和人）とはまったく別の民族であるという認識があるだけで、詳しいことはわかっていなかっただけでなく、島国日本の「第一の島」本州の北にある「第二の島」北海道＝蝦夷と日本全体との関係も、そこに住む先住民族アイヌと日本人（和人）、アイヌ社会と日本社会との関係のあり方も開拓使の設置によって激変したわけですから、蝦夷とアイヌの社会の特質を明らかにすることは不可欠でした。

　パークスには、日本着任から四カ月後の慶応元（一八六五）年秋に、英国人鳥類学者ホワイトリーを首謀者とし、箱館の英国領事館員二名が日本人使用人を用い噴火湾沿いの森村と落《おとし》部《べ》村で二度にわたってアイヌ人墓地を盗掘し、領事H・ヴァイスやロシア人医師らも関わった組織的な犯罪、国際問題にまで発展した「恥ずべき事件」(『パークス伝』)に対して当事者に厳罰を科すことなどによって二年越しで何とか解決したという事情もありました(植木哲也『学問の暴力』春風社、二〇〇八。原田信男「ハインリッヒ・フォン・シーボルトと北海道」、原田信男、H・スパンシチ、J・クライナー訳注『小シーボルト蝦夷見聞記』平凡社東洋文庫、一九九六、所収)。

先住民であるアイヌとその社会の特質を、とくに平取での参与観察的調査によって明らかにすることにバードがいかに全力を傾けたかは、その旅の成果である著書から彷彿されます。すなわち、北海道滞在期間三九日、そのうちの平取滞在期間四日は、日本滞在期間のそれぞれ一八パーセント、〇・五パーセントなのに対して、完全本原著の蝦夷に関する部分と平取での調査に関する部分の割合はそれぞれ、二三パーセント、八・四パーセントであり、わずか四日の調査で採録語彙集五頁を含め、実に六五頁もの記述を行ったことや、記述の内容の豊かさには驚くべきものがあります(なお、簡略本では蝦夷とアイヌに関する部分が全体の三五パーセントを占めるまでになっているために、蝦夷の旅が強調される印象を与えてしまっていますが、本来の姿ではありません)。

詳しくは『完訳』の「第四十一報　アイヌとの生活」「第四十一報(続)　アイヌのもてなし」「第四十二報　未開の人々の暮らし」「第四十二報(続)　衣類と習俗」「第四十二報(続々)　ア

イヌの信仰」を読んでいただきたいと思います。個々に見れば間違いや、古くバチェラーが指摘した（ジェー・バチェラ『アイヌ人及其説話』教文館、一九〇一）以外にも偏見に基づく記述はありますが、若い時から培ってきた鋭い観察眼と表現力を駆使して生み出した民族誌的成果は、通訳Ito《イト》を介してのごく限られた時間の成果であることからすれば、驚嘆に値します。

　しかも、「蝦夷に関する覚書」で蝦夷がどのようなところなのかを、条約名などは記しませんが、明治八年の樺太・千島交換条約で確定した領域をきちんと踏まえた形でコンパクトにまとめた上で、いわゆる旅行記的記述をはじめ、それを平取での濃密な調査的滞在記によって一つのクライマックスに持っていきます。加えて、その成果を白老《しらおい》や有珠《うす》・礼文華《れぶんげ》のアイヌと比較し、内陸アイヌと海岸アイヌとの比較論として展開するために、帰路には、すでに公式の道筋ではなくなった噴火湾沿いのルートを通っていき、最後には、開拓使が抱える問題や日本の政治情勢、進歩のあり方や蝦夷での伝道活動にも言及しつつ、これらを扱う第四十七報を、蝦夷の諸報の結論としてまとめている点も評価されます。つまり、バードは蝦夷とアイヌに関する部分だけで一つの完結した作品になるようにしているのです。

　開拓使のアイヌ政策についてはかなり評価が甘い点が明白ですし、アイヌに対するバードの認識に時に差別的なものがあることも認めざるを得ませんが、その上で、バードの旅とそれが生み出したものが残した成果を否定することはできません。ペンリウクの家の平面図も、きちんと分析することによって重要な歴史史料になることがわかります（『完訳』第四十二報（続）

訳注27)。

この書物が出た一〇年後に刊行されたBasil Hall Chamberlain, *Things Japanese*, London and Tōkyō, Kegan Paul, Trench, Trübner & Co., The Hakubunsha, 1890で、日本学の第一人者としての地位を確立しつつあったチェンバレンは「日本関係書」の項でこの書物を、「出版後一〇年になるが、英語で書かれた最もすぐれた日本の旅行記であることに変わりはないと思われる。第二巻のアイヌに関する報告はとくに興味深い」と述べています。もっともなことです。そして注目すべきことに、この一五年後に出した第五版のみならず四九年後に出した第六版でも、表現は変えつつも、アイヌの記述についてのこのような高い評価は変えていません（チェンバレン著、高梨健吉訳『日本事物誌1』平凡社東洋文庫、一九六九、はこの第六版を底本としています）。

さらに評価すべきは、学術的情報の豊かさだけではありません。ペンリウクの家に集い、自然に振る舞い、さまざまなことを教えてくれたアイヌとの間にバードが基本的にはよい人間関係を結び、病人を助け、そのお返しに、彼らが元来の信仰とは別に崇める義経《ヨシツネ》を祀る義経神社にまで案内されるといったさまざまな経験を率直な思いも付して記すことによって、濃厚な旅の時空を彷彿させる稀有な滞在記を残したということです。

バードの平取来訪に関してとくに留意せねばならないのは、彼女が平取に入る直前に、オーストリア公使館のフォン・シーボルトとフランス公使館のティースバハ伯爵の二人が平取を訪れて一週間も滞在し、彼らがペンリウクを伴って出ていったのと入れ替わるようにバードが来訪したことです（第四章参照）。彼らはどこに滞在したかは記していませんが、ペンリウクの家に優《まさ》る家はないわけですから、ここに滞在したと考えるほかなく、としますと、バードの背後に自分たちを苦しめる開拓使がいることが明らかだったわけですから、ペンリウクの母が彼女に厳しい視線を向け続けたのはもっともです。

なお、パークスがいかにこの旅を重視したかについて重要なことを一つ指摘しておきます。それは、七カ月の日本の旅を、五月に訪日し一二月に離日する旅として計画したのは、北海道の旅を最優先するためだったと考えられるということです。六月一〇日に東京を出て約二カ月かけて本州の北半を抜けていこうとすると、梅雨の長雨で旅を進めにくくなる可能性があったにもかかわらず、出発をもう一カ月前後遅らせなかったのは、遅らせると梅雨の影響は回避できても、「好天とカラッとした空気」が「気分」を「高揚」させてくれる（『完訳』第四十報）夏が去るまでに北海道の旅、とくに最重視した平取での調査を円滑に行えないと判断したからだと考えられるのです。往路の白老で「寒くて眠れなかった」（同前）とか、平取で「蚊や蚤《のみ》ではなく、ひどい寒さが身に堪《こた》えた」（『完訳』第四十一報）とか、帰路の白老で「激しく打ち寄せる波の音とひどい寒さのために「眠れず」疲れきってしまい、翌日は先に進むのを断念した」（『完訳』第四十四報）という記述は、「暖かい夏の間」を先住民のアイヌの下で過ごす予定というバードの言葉（函館からの八月一二日付ブラッキー夫人への手紙）とともにその証になります。このような季節への配慮といったことは、とくに外国でのフィールドワークの経験のない人には理解しにくいことかもしれませんが、非常に大切なことです。

注意すべきは、アイヌ社会の特質を明らかにする旅であったということとキリスト教普及の可能性をさぐる旅という二つの特質が結びついていたこと、換言すれば、バードの平取での調査は、その前年にデニングによって始められた英国教会伝道協会によるアイヌ伝道と不可分に結びつくものとしてあったということです。そしてその後まもなくしてデニングを解任しバチェラーを送り込むことによって同協会のアイヌ伝道は計画どおり本格化していったのです。なお、バードン主教の最初の来日の年にあたるデニングによるアイヌ伝道の開始にも、その後のバチェラーへの引き継ぎにも、バードン主教が関わっており、このこともまた、バードによるアイヌ社会の調査がパークス公使のみならず、バードン主教、つまり英国教会伝道協会の一大関心事だったことを示しています。

第四章　連携する支援と協力

以上、バードの日本の旅の一二の特質について説明しました。その結果、この旅が、パークスが周到に計画し、最適人者と考えたバードにその実行を依頼し、彼女がそれを十二分に果たした旅、バードから言えば、連携する支援に応えた視察と調査の旅だったことをほぼ示せたと考えます。そこで本章では、連携する支援がいかなるものだったかについて検討し、考察を深めます。なお、本章でとくに年号を記さない場合は一八七八（明治一一）年のことです。

1　パークス公使夫妻の支援

バードの旅行記に記された支援

バードの旅の支援の頂点に公使パークスがいたことについてはすでにかなり触れましたが、それは、バード訪日後のパークス公使と妻の行動に関する彼女の記述を日を追って見ていくことによって、さらによくわかります。

まずバードが横浜のホテルに入った翌日に、パークスは妻ファニーとともにここへやってきます。横浜の領事ウィルキンソンが前日にバードを訪ねていますので、彼から電報で連絡を受けての訪問と思われますが、おそらく二日後には英国公使館に入ることになっていたにもかかわらず、公使館のいわば主人《あるじ》夫妻がわざわざ横浜まで人力車で出向いてきたことは注目に値します（バードはこの来訪を五月二二日付の第二報で記していますのでこの日のことのようですが、彼女の日誌に基づくストダートの記述によって、二一日だったことがわかります）。

しかも、儀礼的な来訪ではありませんでした。微笑みを絶やさず、「明るい愛想のよさ」を感じさせながら歓談し、「二人とも本当に親切で、内地《インテリア》を旅するという私の一大計画を心から励まし」、「従者さえ確保できれば、すぐにでも出かけたい」という気持ちにさせて帰ったのです。「お二人のおかげで部屋は明るくなり、温かい雰囲気に包まれた。今もそれが残っている」という一文に、バードの喜びと安堵の気持ちが滲んでいます（『完訳』第二報）。

この訪問時のパークスに関しては、ストダートも、「彼女が目論んでいる冒険《エンタープライズ》的な計画にこの上ない関心《ライヴリエスト・インタレスト》を抱き、なしえる限りの援助を行うと（約束して）バードを激励した」という記述を残しています。

公使館に入った翌日には、バードを、教会が集まる築地《つきじ》にファイソンとデニングの両宣教師夫妻と顔合わせさせるために夫妻で出かけていますが、バードは、パークスがその日のうちに次のように言ったと記しています。

ハリー・パークス卿夫妻は私の旅行計画にとても興味を持ち、親身になって相談に乗ってくださり、自分たちの豊富な旅の経験に基づく実際的な助言と援助をくださった。それを妨げるようなことは何も持ち出されなかった。それどころか、パークス卿は、内陸を通って北に向かうという私の旅行計画を承認くださっただけでなく、付け加えるとよいこともいくつか提唱くださった。今や実際の旅が地図上で練ってきた計画どおり楽しいものになることを願うだけである。パークス卿は、馬《ポニー》を買うのはやめておくようにと助言くださった。(『完訳』第四報)

バードは、旅が個人的なものであり、パークスが厚意からアドバイスしているかのように記しています(ストダートの上記の記述も同様です)が、そのように読者がイメージするように意図的にしているのであり、実際にはこの旅が成功するように——この旅を立案、計画した者として——厚意以上の意味をもって、「実際的な助言と援助を」与えていると考えられます。

途中で大変なことも起こりうることが予想される(実際、豪雨降りしきる中、目の前で船頭が溺れ死ぬのを見ることもありました(『完訳』第三十一報))中で、パークス卿が「旅行計画」を「妨げるようなことは何も持ち出されなかった」という記述は重要です。この結果バードは、「今や実際の旅が地図上で練ってきた計画どおり楽しいものになることを願うだけである」という心境になっているのです。パークスのこの発言は、午後の会談でおそらくは宣教師夫妻のだれかが旅自体に懐疑的だったのと、馬を買うか内国通運会社を利用するかが話題になったのを踏まえて、この問題が尾を引かないようにしたものです。

土曜日だった二五日には――「私たち」と記し、おそらくは妻とチェンバレンを伴っていたと思われますが――、吹上御苑に案内しています（『完訳』第四報）。これも単なる息抜きのためではありません。時代が大きな転換を遂げ、「土曜日には有料で一般開放されて」、江戸時代とは異なる風景が展開していた御苑の佇《たたず》まいや、余暇を楽しむ老若男女、とりわけ子供や女性の衣裳や装いにとどまらない諸相を綿密に観察し、日本人の暮らしや日本の伝統文化の一端を理解するためだったと考えられます。

一週間後の週末（六月一日）の午後には、前節で触れたようにパークス夫人が馬車で芝の増上寺のホーズ宅に案内していますが、馬車の前を馬で進む護衛の警部の役割が道案内をすることだったという第五報の記述には、夫を含む英国公使館員らが御所に向かう途中京都で襲撃された一〇年前とは違い、外国人の移動が安全であることをわからせようとした夫人の意図が窺われます。

次に、横浜のヘボン宅での通訳兼従者の面接試験を終えたバードが英国公使館に戻ってみると、パークス夫人は、彼女のために必要な手筈をほとんど終え、「健康に不安のある人間が長期の旅をするに際して」必需品になると考えた「［行李《こうり》］二つのほかに、折り畳み式旅行用ベッドと折り畳み椅子、弾性ゴム製の浴槽」など、すべてを用意していました。また、パークスはパークスで、外務省から届いた何の書き込みもない旅程表を見て不安になるバードに、「情報は旅を進めていきながら［ご自分で］得ていかなければなりませんね。その方がかえって面白いじゃありませんか」（『完訳』第六報）と言って励ましました。ヘボンがこの旅そのものにも、伊藤を雇ったことにも反対だったことに不安を抱えていたバードを元気づけようとする、夫妻の心遣いが滲み出ています。

さらに、翌七日（金曜日）には、この日と翌日の二日にわたって開催された新富座《しんとみざ》の、前代未聞と言われた開場式の一日目に招待され、日本の伝統演劇の大変革をめざす出発点となった瞬間を見聞できました（『完訳』第七報）。このことは、歌舞伎そのものには馴染めずとも、日本の伝統文化の一端に触れる絶好の機会となりました。

その招待がパークスの差配になることは、開場式が「太政大臣を始めとし、外務内務陸軍海軍文部司法等の諸卿及び大輔・小輔それから府知事警視総監は勿論で高位貴顕学者紳士」や「英国公使を初め外国のゼントルマン」、「横浜在住の外国人、銀行・会社・新聞社関係の名士」（守田壽作『第十二世守田勘弥』守田好作、一九〇六）を招待してなされたものであり、パークスがすべての外国人のトップに位置する人物だったことから明らかです。一介の旅人としての訪日ならあり得ない招待でした。

パークスには、三日後には旅に出発するバードを、特別の内地旅行免状の取得で世話になった外務省、内務省、開拓使の高官、すなわち外務卿寺島宗則、内務卿伊藤博文、開拓長官黒田清隆に引き合わせる、少なくとも自分がバードを伴っているところを彼らに見せるという目的もあったと思われます。黒田がバードに与えた特別の配慮（前述）や、東京府知事楠本正隆の高配には、彼らもこの時にバードの存在を知ったことがあるように推察されます。

開場式の招待者についてバードは「外交官、お雇い外国人から日本政府の多数の高官にまで及んでいた」と記すだけですが、開場式の様子の生き生きした描写（『完訳』第七報）が、多数ある日本のいかなる記事にも優るものであることを翻訳に際し確認している私には、パークスの満足感が目に浮かぶようです。その場に、あのシーボルトの次男で、オーストリア・ハンガリー帝国公使館の通訳官をし、後に蝦夷の平取訪問に際してバードと大きな関わりを持つハインリッヒ・フォン・シーボルトが出席していたことが、『第十二世守田勘弥』所収資料によって確認できることも注目されます。

パークス夫妻の支援が、まさにこの旅の成功を願う立案者ならではのきめ細かなものであったことは、たとえば、粕壁で極度の不安に包まれた旅の第一夜を迎えていたバードに、サンフランシスコを出航して以来待ち望んでいた妹からの手紙の束とともに、思いやりに満ちた書簡までも認《したた》めて公使館の手紙配達人に届けさせたこと（『完訳』第九報）にも見て取れます。

パークスの支援に関わるバードの記述はあと四つあります。その一つは、アイヌの人口などに関する開拓使の権大書記官《ごんだいしょきかん》安田定則の情報提供がパークスの要請を受けてのものだったという「蝦夷〔蝦夷に関する覚書〕」中の記載です。第二は、「はじめに」において五人の個人名をあげて謝辞を述べるその筆頭に公使パークスの名を記している事実です（他の四人は「英国公使館のサトウ氏、ダイアー教頭、海軍兵学校のチェンバレン氏、F・V・ディキンズ氏」）。これは、支援を直接示すものではありませんが、出版の一年前に天に召されたパークス夫人にこの本を捧げていること（後述）とともに、パークスがこの旅の生みの親として支援したという私見の傍証になります。三つ目は「新聞に報道された旅」として紹介した火葬場訪問が、バードがパークスにこの願いを伝え、パークスが外務大輔森有礼に申請し、森がそれを東京府知事楠本正隆に要請して実現したことです。「H・パークス卿は五つある火葬場の一つ桐ヶ谷《きりがや》火葬場に行ってみたいという私の願いが許可されるよう申請くださった」（『完訳』第五十九報）と明記しています。この訪問については彼女が望んだというより、パークスが訪問し調査するよう望んだ可能性も考えられます。

最後はバードがこの本をパークス夫人に捧げている事実です。彼女はその理由を「その優しさと友情が日本の至福の思い出の中心をなす、今は亡きパークス夫人を偲び感謝と敬意の念を込め本書を捧ぐ」と記していますが、旅が、夫パークスが公使として立案した、その意味で公的な意味合いを持つものだったことと、夫人が、それが成就するよう夫に尽くしたことへの感謝の念も込めての献呈だったわけですから、間接的にはパークス夫妻の支援を示す記述とみなせます。

支援を示すその他の資料1――外務省関連

パークスの支援を示す証拠は、バードが記述したこと以外にもあります。そのうち、最も重要なものは、パークスが外務卿寺島宗則に送った書簡です。長く寺島家に所蔵され、現在は国立国会図書館憲政資料室に所蔵されているこの書簡については寺島宗則研究会編『寺島宗則関係資料集』下巻（示人社、一九八七）に邦訳がありますが、誤訳や省略があるのと、本書にとっての重要性に鑑《かんが》み、独自に訳して掲げます。

英国公使館　　　　一〇月一五日　火曜日午後

親愛なる寺島殿

日本を旅行してきており、貴下が、芝離宮における森［有礼］氏主催の歓迎会でお会いされたミス・バードは、京都《キョト》とその周辺訪問のために明日、神戸に向けて出発いたしますが、京都では御所《ミカドパレス》の見学を御許可いただけるよう所望しております。それで［このことにつき］、明日出航の汽船が搬送する書簡か、もしよろしければ、電報によって京都府《キョトフ》に対しその旨お取り計らいいただければ幸甚に存じます。

謹白

ハリー・S・パークス

レターヘッドに楕円形の国章が空押しされている二つ折り式の厚手の公用箋一枚の表裏にペンで記されたこの自筆の書簡が重要なのは、第一に、新たな旅に際しては内地旅行免状の再交付が本来であるにもかかわらず、バードの場合には特別な旅行免状のためにその必要がないことが前提になっての依頼であることが判明するからです。また、それ以上に大きな意味を持つのは、その依頼をパークス自らが外務卿寺島に対して直接行っていた事実をこの書簡が示しているからです。

御所の見学という依頼事項は京都府当局に関わることですから、本来なら内務省の職掌事項であるにもかかわらず、外務卿に直接依頼していることも注目されます。バードは御所を訪れたとは明記しておらず、寺島からパークスへの返信も伝存しませんが、このことは問題ありません。彼女が滞在していた同志社女学校が道を挟んで御所の北に接していたことからも行かなかったはずはなく、二人にとっては、寺島が返信ではなく行為で応えればよいことであったからです。しかも、パークスが書簡を外務省に直接持って行かせたにしてもそれが前日の午後であったことから、寺島は船便ではなく電報によって依頼したと考えられます。また実際、「知事が、私の〈案内人〉をするように差し向けた」「英語を話す日本人の野口氏とあちこち訪ねながら楽しく過ごしてきた」と記しています（『完訳』第五十二報）ので、寺島がパークスのこの性急な要請を受けて知事槇村正直に依頼し、槇村がこれに応えたこともわかります。

野口とはサトウときわめて深いつながりのある野口富蔵のことで、実際バードが神戸を離れる前に野口に会っています（後述）。したがって、野口へはサトウからも依頼していたことは確実です。しかしこの書簡は、公式には不可欠であるパークスから日本政府への依頼が確かに行われ、寺島がそれに応えたことの証になるわけですから、パークスが立案計画し、日本側の支援を取り付けてバードがそれを実行したという私の考えを裏づける有力な資料になります。

次項で記しますが、実はパークスはバードの旅の三年前に、英国の女性旅行家マリアン・ノースの京都訪問に、妻とともに同道した折、槇村に会い歓待を受けており、面識がなかったわけではないのです。それだけにいっそう、バードの御所訪問について、寺島を通してのパークスの依頼は槇村にとって受諾するにやぶさかでない事柄だったのです。なお、寺島が直属の部下森有礼が主催する歓迎会でバードに会っているという事実を教えてくれるのもこの書簡の重要性の一つであり、依頼するにあたり、二人が会った事実を簡潔に記している点にもパークスの配慮が窺えます。

バードの旅に関するパークスの支援を裏づける二つ目は、バードのこの旅行記（一八八〇年刊の『完全本原著』）が国立公文書館内閣文庫に所蔵され、しかもこの書物に「外務省図書記」と「太政官文庫」の二つの朱の蔵書印が捺《お》されていることです。

このうち、後者は、太政官文庫が、諸官庁の蔵書をすべて収集、管理してその一元的運用をはかるために、一八八四（明治一七）年一月に皇居内に新設され、明治「二十四年ごろまでの間に多数の和漢洋書が各省からこの文庫に移管された」際に押印されたものです（『改訂増補内閣文庫蔵書印譜』国立公文書館、一九八一）。他方、前者の蔵書印は、この本が「きわめて多数にのぼった」外務省からの移管本であることを示しており、押印の位置や押印の仕方からも

「外務省図書記」という篆印《てんいん》が先に捺されていたことは明白です（第一巻と第二巻の939、940という数字は太政官文庫の朱印よりも先に記されていますので、外務省が所蔵していた当時の番号です）。

他方、この本の出版は一八八〇（明治一三）年の一〇月です。以上によって、一四年から一六年の間にこの本が外務省の所蔵になったことが判明します。また元の装釘が失われてしまい、かつかなり手に取られた形跡がある点や、すでに太政官文庫が設立された後のことだとはいえ、その翌年に刊行された簡略本が所蔵されていないことも注目されます。この事実も、本書がこの旅の本来の成果物として英国公使館から外務省に寄贈されたものであることに通じますので、外務省の支援を間接的に示す証拠になると考えられます（なお、内閣文庫にはハワイの旅行記も所蔵されていますが、一八七五年に出たものでなく一九〇五年に出た版であり、ロッキー山脈の旅行記は入っていません）。

支援を示すその他の資料2 ――ストダートとノースの記述

支援を裏づける記述はストダートの記述にもあります。北海道からの帰途で、「九月二〇日頃にサー・ハリーとレディ・パークスと一緒に東京の英国公使館に戻った」、「その時そこにはミス・ゴードン＝カミングがいた」と書き、公使館に滞在していたバードを「ハリー・パークス卿があらゆる手を尽くしていろいろな近場に連れていった」との記述です。三番目の記述は、二回目の公使館滞在中に行ったと考えられる「東京に関する覚書」執筆の手助けのための援助をしていたことを示しています。

第一点が注目されるのは、航海が二二時間も遅れ七二時間にもなったために九月一七日の真夜中近くに横浜に上陸した後、復旧した鉄道で「ウィルキンソン氏と一緒に」新橋に着き、公使館に入った（『完訳』第四十九報）際に、パークス公使夫妻が彼女を出迎えたことが明確になるからです。領事ウィルキンソンの横浜から公使館までの同道は独自の判断ではなく、公使パークスの指示によったであろうことはもちろんです（彼が波止場まで出向いたかどうかは資料では確認できませんが、バードが成就した大きな仕事へのパークス夫妻の感謝の念や、荒天のために危険に満ちた大変な航海だったことを知っていたこと、さらには函館まで出向いて手紙や薬を渡し、バードを無事横浜まで連れ帰ってくれたヘボン夫妻の労をねぎらう意味も勘案すると、そう考えるのが自然です）。なお、バードの公使館到着の日は正しくは一八日です。鉄道の復旧が一八日だったことが『郵便報知新聞』と『朝野新聞』で確認できるからです。

第二点が注目されるのは、公使館に女性旅行家のゴードン＝カミングがいたという記述は、彼女に日本で会うことが一年も前から計画されており（第二章参照）、それが予定どおり実現したことを示しているからです。バードが九月半ばだったと記す（『完訳』第五十報）ゴードン＝カミングの来日日は実際には九月六日でしたが、彼女自身が予定よりも早かったとも記していますす（C. F. Gordon Cumming, *Memories*（『思い出の数々』）, Edinburgh and London, William Blackwood and Sons, 1904）ので、バードが北海道から戻るのに合わせての訪日だったと見て間違いありません。

パークスがゴードン＝カミングを公使館に滞在させていたのも、バードに対する支援と無関係ではなかったと考えられます。バードは外務大輔森有礼が芝離宮で外交関係者のために催した歓迎会（前述）に招かれた際、ゴードン＝カミングを伴ったと記し（『完訳』第五十報）、そこでの記述によって、バードの北海道の旅を「前例をみない旅」と評価する森が、ゴードン＝カミングをこの旅に関係する人物と認識していたこともわかります。さらに、このゴードン＝カミングが、バードが桐ヶ谷火葬場を視察する直前にすぐ近くの火葬場を訪れたのみならず、見聞したことを二人で話し合ったと記しているのも興味深いことです（『思い出の数々』）。

実は、パークスには歓待した女性旅行家がもう一人いました。前述のノースです。バードより一歳年上の彼女がバード来訪の三年前、一八七五年一一月から七六年一月まで滞在した折には、パークスはやはり公使館に滞在させたのみならず、妻とともに京都に彼女を連れて行っています。ところが、このことをもってパークスがノースも日本の旅を実行する候補者の一人と見ていたと考えることはできません。風景を背後に描き込んだ美しい植物画を描くという彼女の旅行家としての特徴と、パークスが日本の旅に求めたこととがまったく結びつかないからです。また彼女の日本滞在は、たとえこれが予備的なものであったとしても内地《インテリア》や蝦夷とは無関係のものであったからです。訪問が晩秋から冬だったことや、七五年から七八年の世界旅行の一環としての訪問であったこともその傍証になります。

ではなぜパークスが妻とともに歓待したのかといえば、彼女が名家出身の大変著名な旅行家であったこと以上に、すでに構想していたバードによる旅を成功に導くためのいわば下準備だったと私は考えます。ノースの妹が編纂した *Recollections of a Happy Life, Being the Autobiography of Marianne North*（『幸福なる生涯の追憶――マリアン・ノース自伝』）, 2vols, London and New York, MacMillan & Co., 1892 の第一巻に記された日本滞在記録によって、パークスやノースが京都府権知事になって間もない槇村（知事になったのは七七年一月）の種々の歓待を受けたり、野口富蔵に通訳兼案内人としての世話になったり、パークス夫妻や随員が京都を離れた後も一人、パークスが暗殺されかけ、オールコックが入京さえ許されなかった京都に留まって、危険と無縁で快適な日々を過ごし、西本願寺で英国帰りの僧侶赤松連城と会うなどしていることがわかるからです。これらのことは、後の京都を訪れたバードにとって好都合な状況を作っておくというパークスの思慮から出たものと考えて初めて理解できます。

支援を示すその他の資料3――バードの手紙

次に、八月一一日にバードが出版人ジョン・マレー三世に函館で書いた前述の手紙にも、大変重要なことが記されています。彼女は、「サー・ハリー・パークスおよび英国とアメリカの［日本］在住者が、東京から七〇〇マイル（一一八〇キロ）にも及ぶ本州北部の旅に基づく日本に関する書物を私が書くことを切望しており」、「サー・ハリー・パークスが、自分のみならず公使館のスタッフ全員がなしうる限りの援助をする用意があります」と（私に）書いてきているると記しているのです。

これは、ヘボン夫妻が東京から函館まで持参してきた彼女宛の手紙の中に公使パークスからのものがあり、それに基づいて記しているわけですが、パークスの支援が、彼女が旅をし、それに基づく書物の刊行を期待していたことを裏づけます。

ただ、パークスが旅を計画した当初から、少なくとも来日した時点では確実にそのような考えを伝えており、それ故バードは「丹念に記した覚書」を日々旅先で書いていたということからすると、なぜパークスがこの時点でこのようなことを記したのか、おかしいではないかと思う人もいると思いますが、問題にはなりません。パークスがバードに執筆を依頼したことが、マレーの知らないことだったとすれば、パークスがこの時点で書物の執筆を切望していることをバードがマレーに表明するのは不自然でないからです。むしろ注目されるのは、パークスがこの時点でそれを切望し、英国公使館を挙げて援助すると表明していることと、英国のみならず米国の在住者の切望だと記していることです。後者はヘボンのことと考えられます。

この時点での表明には、一八七一～七三年に欧米諸国を訪れた岩倉使節団の公式報告書である『米欧回覧実記』が出版されるという情報も踏まえてのことだったと考えます。一行の帰国から六年後に全五巻二一一〇頁もの膨大な報告書が刊行されたのはこのわずか二カ月後の七八年一〇月ですので、この出版に関する情報を夏の時点でパークスが持っていなかったとは考えにくく、使節団の旅はパークスがバードによる旅を計画した一因になっていたと思われます（パークスは使節団の訪問に合わせて賜暇《しか》帰国し摂待・協力もしているわけで、どのような視察の旅だったかを知っていましたが、視察の対象にはバードの場合との共通性もあります）。

さらに興味深い事実がこの手紙から判明します。「仕事に関して記す」という書き出しで始める手紙の後半でバードは、マレーがパークスに短い書簡を送ったことに感謝し、パークスもそのことを喜んでいる旨伝えてほしいと言っていますと記した上で、「自分も彼（パークス）へのアーガイル侯爵とトムソン卿の手紙を携えてきた」ことと、その三通の手紙のお陰でパークス卿御夫妻の歓待を受けることができた」と記しているのです。アーガイル侯爵のみならず、三年半にも及んだチャレンジャー号探険の中心人物として七五年に日本を訪れ二カ月間海洋調査を行い、公使パークスとも面識のあったトムソン卿からの手紙も携えてきたことは、彼女の旅が英国という国家レベルでの人的ネットワークといかに密に結びつくものであったかということと、パークスがまさにその中核になっていたことを如実に物語っているのです。

以上、バードが離日するまでのパークス夫妻特に公使パークスの支援について発掘した各種資料に基づいて説明し、バードの旅は好奇心に任せた個人的な旅だったという従来の理解とはまったく違うものだったことを論証しましたが、パークスの支援は彼女の離日後にも続くのです。

すなわち、「日本の国政」中の外国貿易に関する草稿や、「付録D外国貿易」の表Ⅳと表Ⅴの提供をパークスが八〇年八月に行っていることが、『パークス伝』に収められたバードへの手紙によってわかりますので、本の印刷・出版の二カ月前の時点でも支援を行っていたことになります。バードが日本政府から種々の資料提供を受けて執筆できた旨明記している（『完訳』「はしがき」）「日本の国政」の資料提供は、パークスの日本政府への要請なくしてはあり得ないことからしますと、バードの手紙は、パークスが、旅のみならずその成果である書物に対しても支援をしていたことを示しています。

バードへの支援としてもう一つ見逃せないのは、パークスが紹介状同封の手紙を一通、香港在住者に渡すように書いたり、カイロ在住のすべての英国人総督と領事に宛ててバードの紹介状を送っていることが、香港から妹に宛てたバードの手紙（ストダート）によってわかることです。パークスは日本からの帰路に行う旅についても支援を行っていたのです。

以上、パークス夫妻の支援について見てきましたが、重要な点は、パークス自らも手紙で示しているように、彼が連携する支援の頂点にいたことです。そこで、以下、英国公使館と領事館の人々から見ていきます。

2 その他の支援と協力

日本語書記官サトウと三人の領事

まず取り上げるべきはアーネスト・サトウです。バードが公使館に入った状況を記す第三報の末尾の段落を「公使館の日本語書記官はアーネスト・サトウ氏である」という書き出しで始め、「はしがき」ではパークスに次いでサトウの名をあげて謝意を記しています。パークスは英国公使館のトップとしてこの旅の必要性を認識し、周到な準備を経て実行に移し、また前述のように、「公使館のスタッフ全員がなしうる限りの援助をする用意があります」と表明しているのですから、公使館のナンバー2の地位にあるサトウがこの計画に関わったのは自然なことです。サトウは、伊藤博文らとの親交をパークスよりも早くから重ね、自身が外交官の特権も生かして日本各地の旅を続け、成果を論文や冊子などで発表し、そして後に旅行案内書を出す、日本の旅の第一人者でもありました（日光以遠の蝦夷へのバードの旅のルートがサトウがまだ行っていないものだったことは、新しい情報がバードの旅によって得られるという意味も含んでいます）。伊勢神宮や日光東照宮などを訪問し記述した際には、サトウの論文や冊子を拠り所にしたと記していますから、草稿の段階で教示を仰いだことは当然でしょう。なお、拠り所にした論文とは *Japan Weekly Mail* と『日本アジア協会紀要』に、七五年に発表した二つの論文で、冊子とは *A Guide to Nikkô*, Yokohama, The Japan Mail Office, 1875 です。

ストダートが、二回目の公使館滞在中のこととして、「サトウは彼女［バード］が手記や統計の検証・校訂を行うのを助け」たと記しているのは、私の考えを裏づけます。旅にはサトウの編纂した『英和口語辞典』を持参していますから、言葉に関わってもサトウの援助は小さくなかったはずです。

またこの二回目の公使館滞在時にサトウが自宅で雅楽の演奏会を催した（『完訳』第五十報）のは、新富座の開場式に出席して以後、長く庶民の暮らしの文化を見聞してきたバードに歌舞伎とは異なる日本の伝統芸能である雅楽の演奏の様子を見聞する機会を提供しようとしたからだと考えられます。バードは日付を記していませんが、Ian C. Ruxton. *The Diaries and Letters of Sir Ernest Mason Satow* (*1843-1929*), *A Scholar-Diplomat in East Asia*（イアン・C・ラックストン著、長岡祥三・関口英男訳『アーネスト・サトウの生涯——その日記と手紙より』雄松堂出版、二〇〇三）, New York, Edwin Mellen Press, 1998 によって一〇月五日だとわかります。ここから、二回目の滞在も後半に入り、一〇日後に出発するという頃合を見計らって開催したことがわかります。

さらに、サトウのバードの旅への直接的な関与として特筆されるのは、バードが関西・伊勢方面の旅を終えて一二月三日夜半に神戸を発って横浜に戻った広島丸にサトウが乗船していたと考えて間違いないことです。北海道から横浜に戻った際にはヘボン夫妻が同道し、横浜でパークス夫妻に会って公使館に入ったのと同様の形で、関西・伊勢方面の旅を終えたことになるのです。重要なことですので少し補足します。

一一月一三日に始まった朝鮮視察を成功裡に終えて長崎から広島丸で一二月一日に神戸に戻ったサトウは、広島丸の神戸停泊時間を利用して京都に行き、そこでかつての従者の野口富蔵に会って一泊しています。これには、サトウが掛川で攘夷派に襲われた際に命を救った恩人として終生援助を続けた野口に会うというだけでなく、京都訪問でバードが世話になり、二年前にもパークス夫妻とノースが世話になった（前述）ことを謝す意味もあったと考えられます。

野口の履歴書では京都府勧業課に採用されるのはバード来訪の一四カ月前の一八七七年八月のことです（國米重行『野口富蔵伝――幕末英国外交官アーネスト・サトウの秘書』歴史春秋出版、二〇一三）が、前述のノースの伝記に彼が七五年一一月の時点ですでに「公式の通訳《オフィシャル・インタープリター》」として記されていることからしますと、陸軍省の官吏でありながら彼らの世話のために公式に派遣されてきていた可能性が高く、これが、留学の成果である欧州織物・生糸の京都府への献上を経て京都府採用につながったと考えられ、これにもサトウの関与があったと推考されます。

バードの京都訪問の大きな目的は新島襄らによるキリスト教伝道活動と教育の実態についての知見を得ることでしたが、それは古都京都の近代化の諸相についての知見を得るというもう一つの目的に沿うことでもありました。それ故、西陣織や粟田焼《あわたやき》などの伝統産業のバードの視察の〈案内人〉を務めたのは、野口にとってのみならず、自分の賜暇帰国に伴って野口を英国に留学させ（『一外交官の見た明治維新　下』）、織物についての研鑽を積ませていたサトウにとってもよい機会となり、それ故、パークスの府知事への依頼とは別に、バードの訪問に際しても支援協力を行ったと考えられます。

神戸に戻ったサトウは、領事フラワーズ宅で開かれた昼食会に出席し、その日の夜半に広島丸に乗船しています（萩原延壽『離日　遠い崖――アーネスト・サトウ日記抄14』朝日新聞社、二〇〇一）ので、おそらくはこの昼食会でもバードはサトウと一緒だったと推察されます。英国公使館を挙げて支援し、日本語書記官サトウと一緒に戻っていく彼女だけを招待しなかったとは考えられないからです。サトウの朝鮮視察とバードの関西・伊勢神宮視察の旅の成功を祝う感謝の会を、領事として行ったと考えます。

このように見てきますと、サトウの援助には少なからぬものがあったと推察されますが、パークス夫妻の支援に関する記述に比べますと、バードの記述が格段に少ないのも事実です。しかも、第三報でW・G・アストンやJ・H・ガビンズらサトウ以外の公使館員の存在を匂わせたにもかかわらず、結果的には彼らの支援については何も記していません。次に各地の領事の支援はどのようなものだったかを見ておきます。

まず、横浜の領事ウィルキンソンは、前述のようにバードが横浜に上陸したその日にオリエンタルホテルにバードを訪問し、実に親切に対応し、内地を旅するという計画について「どちらかと言えば野心的にすぎるものの、「［私のような外国の］女性が一人で旅してもまったく安全ではある」と言って、バードに「本当の日本へと入っていきたくて仕方がない」という気持ちにさせています（『完訳』第一報）。またおそらくパークス公使へ来訪を打電したでしょうし、列車で東京に向かった際もバードに同道したと考えるのが自然です。

函館のユースデン領事については、函館病院の視察に同道していますし、懲役場を視察した際には妻も伴っています。特筆されるのは、開拓使に掛け合って「内地旅行免状がもはや不要とな」るような「証文」を取得したことです。また、伊藤の問題に関してバードがマリーズと会った際に立ち会ったり、フランス公使館のティースバハ伯爵やフォン・シーボルト、クライトナー中尉とバードが昼食をともにする機会を設定したりしてもいます（後述）。神戸のフラワーズ領事については前述の通りです。つまり三人はパークスの指令によって、領事としてなすべきことをそれぞれに果たしていたことが確認できます。

キリスト教伝道活動に携わる組織と人々の支援

バードの旅に対する支援の特質は、すでに示唆してきたようにその多様性と構造性にありますが、中でも重要なのはキリスト教伝道活動に関わる組織や人々の支援でした。前節で述べなかったことについて補足します。

まず留意されるのは、英国教会伝道協会の支援もアメリカン・ボードの支援も、日本在住の宣教師だけが行ったわけではないということです。前者に関して言えば、香港にいる南中国主教J・S・バードン夫妻が七八年五月に訪日していることが重要です。*The History of Church Missionary Society*, Vol.Ⅲ（『英国教会伝道協会史』）（E. Stock ed., London, CMS., 1899）が「この訪日の機会に第一回宣教師会議が開かれた」と記していることからしますと、訪日には、パークス公使夫妻も出席した会議とは別の目的があったことを窺わせ、その一つが香港を訪れることになっていたバードに事前に会うことだったと考えて間違いありませんが、それだけではないのです。当時の日本の同協会は同主教の管轄下にあり、主教はその梃子《てこ》入れを図ろうとしていました（E. Stock and C.F. Warren, *Japan and Japan Mission of the Church Missionary Society*, Second edition（『日本と英国教会伝道協会の日本伝道　第二版』), London, Church Missionary House, 1887）ので、日本におけるキリスト教伝道の実態を調べ、アイヌ伝道に関わってアイヌ社会の特質を明らかにすることを目的の一つにするバードは、主教にとって会っておかねばならない人だったのです。通訳兼従者の面接のためにバードがヘボン宅を訪れた時に同主教がそこにいた事実は、この考えと符合します。しかも主教はバードの父と知り合いでもありました（Mignon Rittenhouse, *Seven Women Explorers*（『七人の女性探検家』), Philadelphia and New York, J. B. Lippincott, 1964）。

さらに、『チャーチ・ミショナリー・インテリジェンサー　第四巻』（一八七九）の世界のミッション記録の最初を飾った「ジャパン・ミッション」において概要の次に掲げられた「バードン主教の報告 Letter from Bishop Burdon」で、同主教が横浜でバードに会ったことに言及し、彼女が日本人の従者ただ一人を伴った長旅を始める直前であり、東京から新潟を経て本州最北端に出、そこから海峡を越えて函館に至るはずであると指摘していることは、彼女の旅が同協会にとって意義深いものであることが前提になっての言及であると解されます。

　バードは香港では同主教の許に滞在し、その支援を受けて視察の旅を行っていますし、実はこれにもパークスが関与していました（前節）。その上、ゴードン＝カミングもほぼ同時期に香港で主教夫妻の世話になっています（『思い出の数々』）。

　しかもバードと主教夫妻の関係は以後も続き、一八八二年に主教夫妻がエディンバラのバードの自宅に二週間も滞在して医療伝道のための活動の援助を受けたり、九四〜九七年の極東の旅の折（九五年）にはバードが同主教を訪問して香港で講演しています。バードが九六年に揚子江流域の旅を行う以前の九二年に北京東方学会名誉会員《オノラリー・メンバー・オブ・ジ・オリエンタル・ソサエティ・オブ・ペキン》の栄に浴している理由は従来不分明でしたが、同主教が関わって実現したと考えることによって理解できるのです。そしてこのような権威づけを行った上での講演は、バードが、朝鮮を旅していた時には持っていなかった領事待遇の護照《ごしょう》を取得する上で役立ったと推察されますし、これによって可能となった揚子江流域とその奥地の旅はまさに同協会と深く結びつくものでした（第二章参照）。

　新潟ではファイソン夫妻が世話をし、エディンバラ医療宣教会のパーム医師の協力も得ています。彼女の新潟訪問時の同夫妻の協力については、ストックが一八七九年に著した初版を英国教会伝道協会大阪ステーションの宣教師ワーレンが増補改定した前述書でも紹介されています。ただ、より重要だったのは函館の宣教師デニングの働きでした。函館滞在中のバードを世話し、自分たちの活動について学べるようにしただけでなく、その七六年の平取訪問が、アイヌ伝道の端緒であったことに加え、七八年のバードの平取調査を成功に導く準備を兼ねるものであったと考えられるからです。

次にアメリカン・ボードの支援に関しては、バードが同ボード総主事に依頼して得た紹介状を持っていたこと（前述）が重要ですが、ハワイ宣教の重鎮として活動していたピーター・ギューリックほかハワイの宣教師たちと六年前のハワイの旅で親しくなっていたことも大きな意味がありました。横浜港に着いた時にその長男ラザー・ハルゼー・ギューリックがいたのは、娘がシティ・オブ・トキオ号に乗船していたことだけではなく、バードを迎えるという目的もあったと推察されます。

一〇月一八日、「土砂降りの雨で風も強かった」神戸の波止場に降り立った時には、次男オラメル・ハンクリ・ギューリックがバードを迎え、ただちに思い出の地ハワイ島の「ヒロの家のような造り」の自宅に案内しました。そして以後、一二月三日から船で横浜に向かうまでの間、彼と妻アン・エリザ・ギューリックは、バードを二週間にわたって滞在させ、神戸における同ボードの活動を視察する拠点を提供し、視察そのものを援助しただけでなく、京都の宿を同志社女学校に確保しました。

加えて、同夫人はそこにバードを伴ったあと、それから一九日後に始まる、奈良・長谷寺・伊勢神宮・大津を経由して京都に戻った一一日間の旅ではバードに同道し、その成就に与ったのです。夫も京都から三輪までは同道しています。

また同夫人は三田《さんだ》のキリスト教徒の集会に出席する一泊の旅にもバードを連れていっています。三田は同夫人が布教活動に従事してきた場所の一つでした。第五十一報および第五十八報における伝道活動に関する詳述は、すでに記したように、これなくして旅の記録の意味がないとさえ言えることからすると、彼らの支援の重要性の証になります。

このような彼らの支援に関わって注目されるのは、同夫人が津で「京都のアメリカン・スクール［同志社女学校］の生徒だった一人の少女の両親を訪問するために、町の清閑な地区［士族屋敷地区］に出かけてい」き、それを受けて、翌朝には「その父親が、紋付袴に身を包み、上等の菓子折に進物の印となる熨斗《のし》昆布を添えた贈り物をもって返礼にやってきた」というバードの記述（『完訳』第五十七報）が示すように、この旅が同夫人自身にとっても意味のあるものだったということです。この一文によって、同夫人がその人物の住所を把握し「近く津を訪れ、その時に訪問する旨」をその親に事前に連絡していたことがわかります。この少女とは、バードが「今も、本間《ホンマ》という生徒が琵琶湖畔の彦根《ヒコネ》でまれにみる成功を収めている」と第五十二報で紹介する本間（重慶《しげよし》）がその前年四月に同志社女学校に入学させていた許婚《いいなずけ》の「本間はる」です（旧姓は不明。本間だった可能性もあり）。

以上のように英国教会伝道協会とアメリカン・ボードの場合には、組織と宣教師との支援が不可分に結びついていました。ところが、この範疇の第三の支援者は組織を離れての支援を行いました。ヘボン式ローマ字で知られるジェームス・C・ヘボンです。

ヘボンの支援の第一は、二年前に移っていた横浜の山手二四五番地の自宅を、バードの旅の通訳兼従者を選ぶ面接会場にするとともに、面接官を英国領事ウィルキンソンと務めたことです。注意せねばならないのは、バードの旅を「最も強く思い止めようとしたのはヘボン医師で、最も理性的なものでもあった。氏はこの旅は行うべきではないし、津軽海峡にまでは到達できないと思っておられる」とバードが記している（『完訳』第六報）ように、ヘボン自身はバードの旅に反対だったにもかかわらず、面接の場を提供していることです。しかも、これもバードの記述によると、バードが伊藤《イト》という「いかなる推薦状」も持たない男を採用することにしたのみならず、一カ月分の給与を伊藤の言うままに前払いしたことに対してもヘボンは批判的で、「二度とあの男の顔をみることはないと思いますよ！」と言ったということです（同前）。実際には伊藤を選んだことが旅の成功の大きな要因になったのですから、バードは事実を書いたと判断されます。

ところが、このように反対したにもかかわらず、ヘボンは面接日から二カ月以上も後、バードが函館に着いた時には妻とともに同地に来ているのです（『完訳』第三十九報）。そして、バードに会い、平取への旅に出るバードを見送り、彼女が平取から戻るのを待って、同じ船で横浜まで戻っています。パークスから託された手紙を函館までヘボンが携えていったこともすでに説明しました。このようなことからしますと、バードが、ヘボン夫妻が函館に来たのが、たまたまであるように記しているのは不自然です。

またバードは、彼女が東京を出たのちに従者伊藤に関する悪い噂を耳にしてヘボンが心配していたと記し（『完訳』第三十九報）、バードがユースデン領事立ち会いの下でマリーズと話した時にはその場に居合わせたとも思われますが、ヘボン夫妻がこの件に関わって函館まで来たとは考えられません。したがって、ヘボンは、自分自身の見解は別として、パークスの依頼を受けて、バードの旅の協力者として行動していたと考えられます。

　ではヘボンが米国人であり、当時の在日米国人がパークスを頂点とする英国に敵対的だった（後述）中でなぜ彼はバードを支援したのでしょうか。私は、長老派教会の熱心な宣教医としてのキリスト教の普及を願う思いとバードの思いが重なり、それが彼女の旅の背景にあったことや、次に少し触れるパークス夫妻との緊密な人間関係が大きな理由だったと考えます。バードが平取でアイヌの女性を救った際に、「［函館に戻ったら］ヘボン医師に頼んで薬を送ってもらうようにしてあげます」（『完訳』第四十一報（続））と記しているのはヘボンの支援の傍証になります。

ヘボンはバードに手紙だけでなく薬も持ってきていたのです。

日本での暮らしが一九年に及び、サトウと並ぶ日本語に最も通じる人物であるとともに、キリスト教の布教に尽くす宣教医であったことから、パークスは、ヘボンこそが通訳兼従者の採用にあたる者として、最もふさわしいと判断し、面接をヘボンに託したのだと考えます。また、もう一つ、内地旅行免状を申請するに際して、病気療養という旅行目的に関しては医師の証明を添えねばなりませんでしたので、このことも関連すると考えます。

ヘボンがこのように支援の手を差し伸べたのは、旅自体は厳しいと思い反対はしたものの、内地を旅する意義そのものに反対だったとは考えられませんので、パークスの要請に応えたことによるものと推測します。さらに、東京に戻ったバードが英国公使館に滞在中に、パークス夫人が間欠熱にかかって横浜に行ってしまったと記している（『完訳』第五十報）のはヘボンの治療を受けに出かけた可能性があることからしますと、公使館が横浜から東京に移る以前にパークス夫妻がヘボンを主治医にしていたのかもしれません。

以上、キリスト教伝道活動に関する組織と人々の支援について見てきましたが、留意すべきことは、カトリックの側からの支援はなく、その伝道活動についてもほとんど記していないことです。これはバードの関心もパークスの関心も、あくまでも新教の範囲内のことだったことの表れです。パークスがフランス公使ロッシュとは犬猿の仲だったのみならず、英国国教会が旧教に対しても敵対的だったこととも関連しています（サー・ヒュー・コータッツィ「サー・ハリー・パークス（一八二八―一八八五）」、イアン・ニッシュ編、日英文化交流研究会訳『英国と日本――日英交流人物列伝』博文館新社、二〇〇二、所収）。

お雇い外国人などの支援――チェンバレンら

連携する支援の第三のグループは英国人のお雇い外国人です。バードが「はしがき」で名をあげる五名中、パークスとサトウを除く三名はすべてこのグループの人です。このうち、トップにあげるスコットランド人で工部大学校（今日の東京大学工学部）の都検《とけん》（教頭）だったH・ダイアーは、「工部大学校こそは日本の教育施設の栄光と自慢の種であり、日本人が誇りとするのももっともだと思われる」という書き出しで始まる高い評価を伴っての詳述（『完訳』「東京に関する覚書（結）」）中に、同校を「ここまでに育ててきた」優秀な人物として記していますので、「外国人が通常「ダイアー氏の大学校」と呼ぶ」この学校を詳細に視察したことで世話になったと考えられます。

また、横浜在住の弁護士だったディキンズの場合は、第四報や第五十五報で引用する短歌自体は、彼がすでに一八六六年に出版した書物（F.V. Dickins, *Hyak-nin-Is'shiu, Or Stanzas by a Century of Poets, Being Japanese Lyrical Odes, Translated into English*（『百人一首』）, London, Smith Elder & Co., 1866）からの引用ですので、七夕祭についての詳しい教示（『完訳』第三十四報）が考えられますが、彼は日本文学のみならずシダ類を中心とする植物にも造詣が深かったので、採集してきた植物の同定に関わって世話になった可能性もあります。

これに対して、バードより一九歳年下で来日五年目になる海軍兵学校の教師B・H・チェンバレンの支援は、もっと本格的でした。

その最初は七八年六月七日の新富座の開場式に出かけた折にバードの横に座り、彼女が古典劇に少しでも夢中になれるように努めたことです。「殺生石《せっしょうせき》」の英訳も掲げた能に関する匿名論文が一年半前の『コーンヒル・マガジン』七六年一〇月号に掲載されて話題となり、前作

「実語教」と合わせて研究者としてのデビューを果たした彼にとって、またとない機会だったのです。もちろんバードも来日前からこの論文を読んでいて、「たいへん興味深い論文」であることを頭では認識していました。本文でこの論文を紹介したのに加え、出版に際して付した注記でも、この論文と雑誌のことを重ねて記しています。チェンバレンは彼女にこの古典劇について解説する最適任者だったのです。

しかし実際には彼の努力は報いられませんでした。演じられるものは、バードにとっては「この上なく単調で退屈なものだった。また、伝統的な所作に伴うお囃子《はやし》や悲鳴にも猫の鳴き声にも似た［科白《せりふ》や地謡《じうたい》の］声、そして床を踏みならす音は、門外漢にはこのうえなく苛立たしいものだった」（『完訳』第七報）からです。

ところがその二日後、つまり出発前日の日曜日にバードは「日本の最も興味深い名所の一つ」である浅草寺を訪れ、聖と俗が併存する多様な佇まいと多様な人々を目にし、考える機会を得ていますが、この時にバードと人力車に同乗して付き添ったのはやはりチェンバレンでした。第八報における鋭い観察眼に基づく濃密な記述には、これから先の旅で日本のありのままの姿をとらえていこうとするバードの意気込みが伝わってくるようですし、浅草寺の帰りで見た光景から日本社会の西洋的刷新について述べている件《くだり》は、新富座の演劇の話にも通じ、古いものと新しいものとの併存のありようをとらえることを意識しているバードの心情が窺えます。

このような記述ができたのは、日本的な風景や文化、また日本人についての予備知識を授けるチェンバレンの努力の賜《たまもの》です。日曜日に訪れているのは、チェンバレンの勤めの関係という以上に、浅草寺の賑わいを見るには日曜日が適しているとの判断によると考えられます。バードは実にさりげなく書いていますので、その旅がいかなる旅だったのかについて私のように理解した上でないと見落としてしまうのですが、旅の開始前日の浅草寺訪問にしろその二日前の新富座の開場式出席にしろ、パークスの周到な計画の下で実現した旅の一齣を真に実りあるものにする上で不可欠な役割をチェンバレンは担っていたのです。

次にチェンバレンの支援がわかるのは、「食べ物［食べ物と料理に関する覚書］」中の次の注記です。

〈献立〉や料理の組合せその他については東京の帝国海軍兵学校のバジル・ホール・チェンバレン氏のご厚情に負った。氏は秀《ひい》でた学者であるが、日本人の暮らしや慣習について［私が］このように例証していっても自分の［研究の］意義を損なうことになるとまったく考えておられない。

この覚書は新潟を発っていよいよ蝦夷に向かっていく前の部分に収められていますが、新潟で書いたわけではありません。第五十報中の次の記述から、北海道から戻って公使館に滞在していた折の支援の一つだった可能性が考えられます。

チェンバレン氏は二週間にわたってここに滞在しており、私にとってはとてもありがたかった。すばらしい「名所・旧跡案内人」であるにとどまらず、大の親日家のうえに、日本研究者でもあるからである。氏は私が尋ねることの多くが、つまらないものだったり、私の無知によるものであっても、いくら質問してもいやな顔ひとつしない。

この記述はきわめて重要です。なぜなら、この記述が、一〇月五日にサトウが自宅にバードらを招いて行った雅楽の演奏会（前述）の数日前に開かれた森有礼主催の外交官歓迎会（前述）よりも前のこととして記されていることからしますと、バードが公使館に入ったのが九月一八日ですので、チェンバレンはバードが公使館に入ってすぐにやってきてここに留まり、二週間にもわたって援助の手を差し伸べていたことを物語っているからです。

なお、伊藤がバードと別れる前に最後の仕事として開拓使室蘭出張所主任宛の礼状を認《したた》めてくれたのを受け、バードは「頓首、恐惶謹言」という日本の手紙独特の結語について興味深い記述を第四十八報で行っています（二六頁参照）が、複数掲げる例文のような手紙を北海道に持参したとは考えられないので、「以前にチェンバレン氏が親切にもくださった日本人の手紙」の英語への翻訳は、やはりこの公使館滞在中に行われたと考えられます。

チェンバレンの支援はバードが神戸から東京に戻った後にもなされました。

あちこちに行楽に出かけたり、買物をしたり、上流社会の晩餐会に何度か出かけたり、別れの挨拶にまわったり、チェンバレン氏の同行を得て、いくつかの有名な杜《もり》、池上《イケガミ》の寺院［池上本門寺］や、江ノ島《エノシマ》と鎌倉《カマクラ》を訪ねたりしているうちに、時間は流れるように過ぎていった。池上の寺院では客間の一室で僧正と複数の僧侶の接待を受けた。

離日のため公使館を出る日（一二月一八日）の日付になっているこの記述（『完訳』第五十九報）と「私は［日本での］最後の一〇日間を好天が続いたここ［東京］で過ごした」というこの報の冒頭の一文によって、七・八日の両日だったと推察される江ノ島と鎌倉への小旅行などに、チェンバレンはバードを伴っていることがわかります。さらに出発するその日に出たバードの火葬場訪問を伝える『読売新聞』の記事さえ翻訳しています。

このように、チェンバレンが東京滞在中のバードに対し最初から最後まできわめて献身的に援助し続けたことは、サトウ以外の公使館員の支援について何も記していない（前述）だけにいっそう注目されます。

このようなことは、バードが最初に公使館に入った時点ですでに、「ここの英国人文官の学識はサトウ氏の専売特許ではない」としてサトウだけが日本通なのではないことを強調したり、「領事職にある数人も……日本語の日常会話に長けているだけでなく、日本の歴史・神話・考古学そして文学といったさまざまな分野の研究に長けている」という評価を交えて記すことと対応しています（『完訳』第三報）。また、このような評価はパークスが横浜でバードに伝えたことを受けてのことと考えられます。としますと、バードが最後に、英国人文官以外の「若干の英国人やドイツ人」の貢献を強調するのは、少なくともチェンバレンに対するパークスの見解が込められていると判断されます。

以上の検討を通して、私は、この旅の計画は公使館の総意というよりは公使パークスの強い意志に基づくものだったとみなすのがよく、バードの来日後の支援はだれよりもチェンバレンに託す形で進めたと考えます。

では、何故にチェンバレンはこれほどまでにパークスに協力しバードを支援し続けたのでしょうか。この点については、彼が七三年五月に来日してまもなく病気に罹った際、当時まだ横浜の山手にあった英国公使館でパークス公使夫妻の手厚い介護を受けたこと（『パークス伝』）、最初から政府のお雇い外国人として来日したわけではなく、パークスの後ろ盾によって海軍省兵学寮の教師になれたことに恩義を感じていたことが第一だと考えられます（チェンバレンがその著『日本事物誌』で、初代駐日公使オールコックでなく、パークスを項目として取り上げて評価していることも注目されます）。逆に言えば、そのような人間関係も生かしてバードによる旅の成就をはかったところにパークスのこの計画に対する情熱を見ることができます。それと同時にチェンバレン自身も、北海道から戻ってきたバードの旅の支援を行ううちに、バードの旅と旅先で記録したもののすばらしさに気づいたこともあったと考えられます。

フランス公使館、オーストリア公使館の支援――ティースバハ、フォン・シーボルトら

外国人でもう一グループ、おそらく間違いなくパークスの要請を受けて、バードの旅を支援したと考えられる人がいます。バードが函館で「昨日は領事館で、フランス公使館のティースバハ伯爵や、オーストリア公使館のフォン・シーボルト氏、それにオーストリア陸軍のクライトナー中尉と会って昼食をともにした」（『完訳』第三十九報）と記す三人のうちのとくにシーボルトです。厳密にはお雇い外国人ではありませんが、ここで記しておきます。

シーボルトは同公使館の通訳官、ティースバハ伯爵は同公使館の三等書記官であり、彼らは、オーストリア・ハンガリー帝国のP・セーチェーニ伯爵を隊長とする「東アジアおよび中央アジア調査隊」に従事して来日した四名中の一人の同陸軍中尉G・クライトナーと一緒に函館を訪れていました。バードの記述ではわからないのですが、三人はバードよりも一週間早く函館を出発し、シーボルトと伯爵は途中森（集落）でクライトナーと別れ、バードよりも先に平取に入って調査し、バードが佐瑠太に到着したところに、酋長ペンリウクを伴って現れたのです。

彼らの一カ月の北海道旅行は、大蔵省にも勤務していたシーボルトが大蔵卿大隈重信の委嘱を受けた形の視察調査でした。このことは、帰京後まもなくしてその報告書の訳文「北海道歴

観卑見」が大隈に提出され、『大隈文書』（早稲田大学図書館蔵）中に伝存していることからも明らかです。しかし、その報告書の内容が、北海道の総合的な経済地誌的現状報告であり、しかも、外務省から開拓使への申請書には養蚕に関する調査となっていることからすると、記されたこれらの目的はまったく名目的なもので、ましてや、クライトナーが記すように「狩猟を楽し」む（小谷裕幸・森田明訳『東洋紀行1』平凡社東洋文庫、一九九二）ためではありませんでした。真の目的は、バードの書物が出た翌年にドイツの民族学雑誌にも発表したアイヌの民族学的調査だったのです（Heinrich Freiherrn von Siebold, *Ethnologische Studien über die Aino auf der Insel Yesso, Zeitschrift für Ethnologie: Organ der Berliner Gesellshaft für Anthropologie, Ethnologie und Urgeschichte* 13, Berlin, Verlag von Paul Parey, 1881　邦訳は『小シーボルト蝦夷見聞記』。同書には「北海道歴観卑見」も収録）。しかも、この調査をバードが平取に入る直前に一週間も行ったのは、彼女がそこに入る前に状況を把握して彼女が入る直前に知らせ、後に東京で、バードの調査結果をよりよいものにするために、調べた結果を照合するという役割も担っていたからだと考えられます。彼らの場合も平取滞在が最も長かったことは論文にも記されています。

シーボルトとティースバハが酋長ペンリウクを佐瑠太に伴ったのは、ペンリウクをバードに平取を離れたところで紹介し、かつ彼らがペンリウクと同道している間にバードが平取に入って調査を開始し、途中で戻る状況を作ったと思われます。また、それから一週間後の八月三〇日に、バードが平取での調査を終えて白老に戻り、疲労困憊し翌日は先に進むのを断念したバードの前に再び二人がやって来て、「一羽の鶏」を差し入れた（『完訳』第四十四報）ことも注目されます。彼らがこの間どこにいたのかはわかりませんが、バードが無事調査を終えたのを確認するとともに、労をねぎらうために現れたことは確実です。

バードが「私の予想どおり、彼らはその探検に完全に失敗し」（『完訳』第四十報（続））と酷評する一方で、「はしがき」では、「アイヌの習俗・習慣や宗教についてはアイヌの人々から教えてもらったものではあるが、自分の覚書を、機会を得てオーストラリア公使館のハインリヒ・フォン・シーボルト氏が同じ頃に得たものと比べたところ、あらゆる点できわめて満足すべき一致をみた」と述べて、シーボルトの調査が自らの調査を裏づけるものになったと書いています。平取の調査の前後に偶然に二カ所、しかも道の途中ではなく、バードが滞在していた場所で会えたとは考えがたく、事前に打ち合わせていたと考えるほかありません（バードは『完訳』第四十一報で、アイヌ語の発音に関しても東京でフォン・シーボルトと会って確認することによって満足する結果が得られたと注記しています）。

また、「消耗しきっていた」彼らのうちシーボルトが「何があろうと、長旅をして内陸《マウンテン》アイヌを訪れることにはそれだけの値打ちがある」と言ってバードを励ましたことや、バードが「世話になるアイヌに親切にまた礼儀を失さないことが大切だと伊藤《イト》に日本語で言ってやってください」と頼んだ（『完訳』第四十報（続））ことも、軽視できません。それだけではありません。クライトナーは函館を出た後、森で二人と別れ、ティースバハ伯爵がつけてくれた下僕を連れて、独自の調査を行い、八月下旬に森で再会した後、帰京しているのですが、横浜に戻った翌日にはパークスに別れの挨拶に行っている事実が、その旅行記で確認できるのです。

しかも、バードは平取からの帰路に樽前火山の登攀を日帰りで行っていますが、その一七、八日前にはクライトナーが白老から日帰り七時間で同じ遠出を行っています（『東洋紀行1』）。これもバードの遠出のための予備的なものだった可能性が想定されます。クライトナーはある日本人に案内してもらったと記していますが、案内したのはアイヌだった可能性も否定できません。たっぷり酒代をはずんだという記述や和人の成し得ない同道であることもその考えに符合します。私は、この人物はバードを案内した人物であり、下見という意味もあったと考えています。とすると、クライトナーもまたバードの旅を支援したことになります。パークスに挨拶に行ったのも、その旅がパークスと関係していたと考えることによって初めて理解できます。

日本側の連携的・重層的支援1——外務省、開拓使

パークスを頂点とする支援の輪が日本政府にも及んでいたことについてはすでに本章の第1節などでも触れましたが、重要なことは次の諸点です。すなわち、外国人の内地旅行の件に直接関わる外務省が特別の内地旅行免状を交付するだけでは、バードの旅は、実りあるものになり得なかったということ。そのためには、本州に関わる内務省と北海道に関わる開拓使の協力が不可欠で、各内部の組織の末端にまで至る重層的な支援体勢が整って初めて実効あるものに

なったということ。さらには、その意を汲んださまざまな民間人・庶民の協力があり、その中には子供たちさえいたということ。以上です。

そこで、成就したバードの旅を日本側の支援と協力という点から説明しますが、まず最初に取り上げるのは、言うまでもなく外務卿寺島宗則です。

今日の私たちには理解しにくいことですが、外国人の内地旅行問題は、日本と外国の間に存在した解決困難な問題であり、とくに英国との間での対立が際立っていました。それは日本政府や外務大輔（当時）寺島宗則が、この問題を不平等条約の解消、治外法権の撤廃という一大外交問題と切り離せないものととらえ、これが解決しないうちは一般外国人の制限のない旅行は認められないという立場を堅持し、それに対して英国公使パークスが最も厳しく対立したからです。一八七二年の岩倉使節団訪問時の英国外相グランヴィルやパークスとの会談でも解決に至りませんでした。

岩倉具視とこの会談に臨んだ特命全権公使寺島は、翌七三年帰国して外務卿となってからも「内地旅行不可許之議」を各国代表の中心人物パークスに送付しています。ところが七四年五月、寺島は「外国人内地旅行允準条例」を三条実美《さねとみ》へ提出して制定した上で、翌月各国代表に「外国人内地旅行規則私案」を提示し、旅行目的ほか種々の制限を設けることによって一般外国人の内地旅行を認めました。そして翌七五年六月に「内地旅行免状」が定められ、ようやくこの問題は一応の解決を見たのです（条約改正が成ったのは一八九九（明治三二）年のことで、これによって外国人の居住と旅行の自由が認められました)。

パークスがバードの旅を着想した正確な時期は不明ですが、公使から外務省に内地旅行免状の交付を申請する形が決まるのは七五年であり、バードにこの旅の実現を託そうとしたきっかけであるハワイの旅行記が出たのはこの直前の二月ですので、これ以後であることは確実です。そして、旅に不可欠な『ブラントン日本図』の作成がこの年に始まって翌七六年に完成し、編者サトウによれば「急ぎすぎた」『英和口語辞典』もこの同年の四月に出版されたことからすると、内地旅行免状による方式が定まった際に着想し、『ブラントン日本図』の編纂に着手する前に、寺島と交渉して特別の旅行免状の交付についての了解を取り付けたと推察されます。

パークスが寺島と交渉したことに関する資料はありませんが、パークスが入手してくれたというバードの記述(『完訳』第九報)と実際に取得した免状の検討からも裏づけました(第三章参照)。パークスからすれば日本側に妥協する形で内地旅行問題の決着がついたところで、彼は特別な旅行免状を女性旅行家に交付し、事実上何の制限もない旅を実施できるよう求めたと考えられます。岩倉使節団が大挙して欧米を視察し歓待を受けたこと、それが多くの実りをもたらしつつあったことは双方がわかっていたわけですから、たった一人の英国人女性、しかも著名な旅行家として知られる人物が実質上制限のない旅をするという要請を受け入れることは、寺島にとっても認めないわけにはいかない事情があったのであり、そのことも踏まえてパークスは要請したと考えられるわけです。少し説明します。

まず、一八七〇年九月に来日し、翌年三月まで滞在したドイツの地理学者リヒトホーフェンは九月の富士登山に際して駐日ドイツ公使M・v・ブラントによって日本政府から許可を得てもらったのみならず、一二月から三月までの九州の旅に関しても、一旦は三週間待たされ、拒絶された後、「なんと寺島〔宗則〕（外務大輔）と吉井〔友実〕（民部大輔）がブラント弁理公使との会談」で、自費を条件に旅行を許され、「日本政府発行の旅券」の交付を受けて旅をしました（F・v・リヒトホーフェン著、上村直己訳『リヒトホーフェン日本滞在記――ドイツ人地理学者の観た幕末明治』九州大学出版会、二〇一三）。次いで七一年六月に日本を訪れた米国の国民的詩人H・W・ロングフェロー（バードは一八五七年の旅で会っています）の長男C・A・ロングフェローは、公使デロングが彼を「ハワイ国使節団の書記官代理」に任命し、ハワイと日本の間に修好通商条約を結ぶために天皇に謁見する機会を得たのみならず、九月六日から約二カ月の蝦夷と本州北部の旅をデロングに同行する形で行ったのに続いて、七二年一月から七月には長崎と京都・大阪・奈良の旅を行っています。形式的には外交官特権を得ての旅だったとはいえ、民間人です（C・A・ロングフェロー著、山田久美子訳『ロングフェロー日本滞在記――明治初年、アメリカ人青年の見たニッポン』平凡社、二〇〇四）。次いで同年三月に司法省のお雇い外国人として来日したフランス人G・ブスケは、八月に「「条約限界線《トリイティ・リミット》」外への初旅」として「富士山《フジヤマ》周辺」を訪れたのに続いて、翌七三年四月には上総への一二日の旅、八月には往路は中山道《なかせんどう》経由の京都への旅、冬には日光への旅、さらに七四年八月には蝦夷とアイヌの世界への旅を行っています（Georges Bousquet, *Le Japon de nos jours*,（野田良之・久野桂一郎訳『ブスケ日本見聞記——フランス人の見た明治初年の日本1・2』、みすず書房、一九七七), 2vols, Paris, Librairie Hachette et Cie., 1877）。

さらに、プロイセン王国による日本の工芸調査を名目に派遣され七三年一二月に来日しドイツ公使館に滞在して研究を開始したJ・J・ラインは、翌七四年五月末から七五年九月に離日するまでの間に、私の計算では最長四カ月、延べ日数では二八〇日前後にもなる旅を実に六回にわたって重ねています。これは、岩倉使節団の訪独を踏まえて公使ブラントが立案した計画を寺島が認めて実現したと考えられます。大学教授資格を持たなかったにもかかわらずラインが帰国後若干二三歳でマールブルク大学の初代地理学教授になったのは、日本滞在時の成果がいかに大きかったかの証であり、事実、就任を挟んで刊行した日本の地理と工芸・産業に関する大著二種全三巻は、日本に関する作品に限ればリヒトホーフェンのものなど足元にも及ばないすぐれたものでした。従来知られていなかったその旅の実態を明らかにしてくれるMatthias Koch und Sebastian Conrad Hg., *Johannes Justus Rein Briefe eines deutschen Geographen aus Japan 1873-1875*（『ドイツ地理学者ヨハネス・ユストゥス・ライン　日本からの手紙、一八七三―一八七五年』), München, Monographen aus dem Deutschen Institute für Japanstudien Band 40, 2006には、「地方の役人に監視・保護されながらではあるが、それまで日本に来た他の外国人に比べて、はるかに自由に」、北海道を除く日本の大半を巡った旅と、ラインが「最初から意識的に狭義の彼の任務をはるかに超えて調査をしていた。……日本地誌に関する包括的な著作を執筆するためであった」（編者の「要約」）ことや、ラインがブラントの計らいで寺島に会っている事実も教えてくれます。

このようなことは、当然のことながらパークスも知っていたわけであり、英国以外の列強三国の人物、いずれもバードより若い男性に対して一八七〇年から特別な許可が与えられたことを踏まえてのパークスの依頼であったわけです。とりわけラインの調査は、狭義には「日本の物産」の代表の一つである漆《うるし》に関するものであるとはいえ、寺島はじめ日本側が最も強く排除しようとした商業取引に結びつく可能性のある伝統工業に関わることであったにもかかわらず、日本側がそのための調査旅行を認めた事実は重要です。しかも今指摘したように日本側が支援もしているのです。ですから、寺島は、女性、しかも歳のいった女性の旅というパークスの要請に応えざるを得なかったと考えられるわけです（なお、ラインの日本滞在については、私の算出では全滞在日数六二八日のうち、実に三四〇日前後は東京のドイツ公使館に滞在していたことがわかりますが、ラインがここを最重要拠点としていたことを示し、バードの場合と共通します）。

バードの旅と関わる外務省の人物としてはもう一人森有礼《ありのり》がいます。森が参加した薩摩藩遣英使節団の引率役だった寺島が内地旅行問題で苦労していた七三年末にアメリカから戻って外務大丞《だいじょう》に就任した森は、外国条約改締書案取調理事官となって賓客《ひんきゃく》の接待も職務とし、七五年には少輔《しょうゆう》に昇進し寺島に次ぐ地位にありました。一一月には特命全権駐清公使として在外勤務になりましたが、寺島の「たっての希望」（大塚孝明・石黒敬章『明治の若き群像――森有礼旧蔵アルバム』平凡社、二〇〇六）によって、七八年に外務大輔として本省に戻り、バードが蝦夷への旅に出発する直前の六月上旬に晩餐会で森夫妻に会っています。森が九月末に職務として開催した外交関係者の歓迎会にバードを招いた際には、「「前例をみない旅」という言葉を交え、とても〈快活な口振り〉で私に敬意を表し、日本人で北日本を旅した者など皆無に近いとも言った」という（『完訳』第五十報）表現によって、バードの旅を高く評価しています。しかもその会には寺島もいてバードに会っていた（前述）わけですから、森の言葉は、日本政府、少なくとも外務省がこの旅が有為《ゆうい》なものだったと認識していたことにほかなりません。離日直前にバードの火葬場視察が実現したのはパークスが森に依頼し、森から東京府知事楠本正隆に要請したことによることは先に指摘したところです。

次に、開拓使の支援について見ますと、開拓長官黒田清隆が「内地旅行免状さえもはや不要とな」る〈証文《シヨモン・しょうもん》〉を交付したことを先に指摘しましたが、渡島《おしま》半島東岸の森から室蘭まで開拓使の連絡船を利用した際に、バードの都合に合わせるために室蘭出航を二日も遅らせたとのバードの記述（『完訳』第四十報）は、証文に書いてあることが実行されたことを明示しています。開拓使の人力車や馬を利用できたのも証文のとおりであり、蹄鉄のついた馬を利用できたことは、望んでいた馬の旅がようやく実現したという意味でも大きな意味を持ちました。伊藤が「長官［開拓長官］の〈証文《シヨモン・しょうもん》〉をとても誇りにしており、これを手にふんぞり返るようにして宿や駅逓所《えきてい》に入っていく」（同前）という記述は、これを手にした伊藤の様子を彷彿させるとともに、「証文」の重み、つまり支援の意味の大きさを如実に示しています。平取におけるアイヌとアイヌ社会に関する調査が実りあるものになったのは、もちろんバードの調査し記述する力や、伊藤の能力もありますが、バードを開拓使が支援を要請してきた賓客として迎え、自然に振る舞って自分たちの暮らしを見せ、質問に答えたアイヌの人々の協力があってこそでした。

なお、バードの調査を側面援助したフォン・シーボルトの北海道調査が、大蔵卿大隈重信から求められた視察の旅であったこと（前述）からしますと、大隈もシーボルトの真の調査目的とバードの調査との関係を知っていた可能性が高く、そうならば結果的には大蔵省も間接的な支援をしたことになります。

日本側の連携的・重層的支援2――内務省など

次に内務省の支援について見ますと、まず、山形県の県都山形で病院・裁判所や製糸場（県勧業課製糸工場）、秋田県の県都久保田で病院、師範学校、絹織物工場（秋田機業場）を視察できたのは、内務省から山形・秋田両県に指示が出ていたからであることは言うまでもありません。彼女がこれらを視察したのは新しい制度の下で誕生した県の公的な施設のあり方を知るためであり、とくに久保田の病院と学校の視察に関するバードの記述を通して、まさに公式訪問だったことがわかります。院長以下全員がいかにこの視察を重要なものととらえていたのかということだけでなく、「程度の低いことに関して指示すると面倒がるが、このような場合には最善を尽くす伊藤《イト》は、「通弁」然とした上等の絹の着物に身を包」み「これまでで最高の働きをした」（『完訳』第二十六報）様子からも、この視察を成功させなければいけないと努力した日本側の様子が伝わってきます。

私たちが［病院内を］一回りして執務室に戻ってみると、そこには把手の付いたカップにコーヒーを入れ、皿にスプーンをのせた英国式の食事が用意されていた。そして食事が終わると再び煙草が出された。その後、病院長と医師たちは玄関まで私を見送ってくれた。そこで私たちは深々と頭を下げて挨拶を交わした。私は、まだ三〇歳にもならず東京からやってきたばかりの小林《カヤバシ・こばやし》医師をはじめとする職員や生徒の全員が紋付《ナショナル・ドレス》に身を包み、上等の絹の〈袴《ハカマ》〉をはいているのを見てうれしかった。この衣裳は美しく、似合わない洋服とは逆に、これを着ていると威厳が増す。今回の訪問は通訳を介してのやりとりという点で難しいこともあったとはいえ、実に興味深いものだった。（『完訳』第二十六報）

という記述は、バードの旅に対する日本側の支援を象徴するものの一つです。

病院側のこのような対応が県令の指示によることはバード自身の記述からもわかりますが、

県令石田英吉がバードの来訪について事前に情報と指示を得ていて対応準備をしていたということがなければ実現するはずのないことでした。としますと、外務卿寺島から要請があった可能性も皆無ではありませんが、やはり県を管轄する内務省からの指示に基づくものだったと考えるのが自然です。開拓使が支援している事実があるからです。

注目すべきは、県令の指示がこのような行政に直接関係することや、食事、宿の手配にとどまらず、結婚式と葬式という日本の伝統社会の特質を理解する上で最も重要なハレの儀式についても臨席して見聞する機会を提供するということにまで及んでいたと考えられることです。

バードは、六郷で葬儀を見ることができたのは「警察の特別の計らい」によるものであり（『完訳』第二十五報（続））、久保田での結婚式に臨めたのは、花嫁が自分の姪である宿の主人の高配によると記しています（『完訳』第二十九報）が、これだけで実現したとは考えられません。いくら着物姿だったとしても異人が混じっていることは関係者にはわかったと判断される詳述がなされており、彼女が同席する目的を含めた事前の説明と依頼、それを了解した人々の協力があったと考えざるを得ないからです。病院と同様、久保田の宿で西洋料理を振る舞われたことも、県令の差配によるものだったことは明らかです。

この葬儀出席の三日前、バードは山形県での最後の宿泊地金山《かねやま》で一泊しますが、そこでもまた内務省の支援の恩恵に浴しています。旧本陣であり内国通運会社継立所でもあった柴田九平治家に宿泊した際、バードの部屋に、村の戸長（斎藤実光）が主人柴田と一緒に「公式訪問」

してきて「長時間」話し込んでいったのは、日本の地方行政の実態と、政治体制が一大変革を遂げた中で国民の大半を占める農民の問題をとらえるための聞き取り調査の要請が県令から戸長に伝わっていて、それでやってきたと考えられます。地方官僚の頂点に立つ県令以下、郡長・戸長からなる階層的組織とそれぞれの役割や地租改正などに関する六頁にも及ぶ詳述(『完訳』第二十四報)はそのことを物語っています。

先述の京都府知事への要請をパークスが外務卿寺島に直接行っている事実があることも承知の上で、山形県令への指示は内務省からのものだったと私が考えるのは、開拓使が援助しているという事実に加えて、その内容が当時の内務省の最も重要な問題であったが故に、内務省がこの機会を生かして地方行政に関する現地の生の声を知ろうと外務省に要請し、それがパークスに伝えられた可能性が考えられるからです。金山に入った日が「郡区町村編制法」が太政官布告として公布され大区・小区制が改められる七月二二日のわずか五日前だったことだけでなく、この書物で記したことが「日本政府が新しい文明を築き上げる上で取り組むべきものが何であるか」(『完訳』「はしがき」)に寄与するであろうと記していることとも関連します。

話し合いの通訳をした伊藤が正装し、「この時とばかりすばらしい仕事ぶりを発揮した」というバードの記述(『完訳』第二十四報)は、彼がバードの旅の目的やこの会合の目的を明確に認識していたからにほかなりません。またバードが、地租改正が農民の反発をもたらす危険性を指摘する一方で、農民の置かれた状況が江戸時代のほうがよかったという戸長の認識や農民の意識を否定して、新政府の政策を評価し、前年に税率が二・五パーセントに引き下げられたことにも言及して、政府寄りの見解を表明していることも注目されます。

内務省がバードの旅を積極的に生かそうとしたという仮説の傍証となる事例はほかにもあります。バードは新潟平野を出て荒川の河谷に入り一泊した沼集落で次のように記しています。

> 日本では、家の数［戸数］から人口数を推定するには、普通は戸数を五倍すればよいのだが、好奇心を覚えて沼の集落をくまなく歩き回り、伊藤《イト》に、すべての家の外［入口］に掛かっている門札から家人の名前と人数と性別を訳させた。すると、二四軒の家の人口は三〇七人にもなった！　四家族が同居する家も数軒あった。祖父母、両親、長男の各家族、および一人ないし二人の娘とその夫、子供の計四家族である。長男は家と土地を相続し、そのためほとんど必然的に父親の家に妻を迎えるので、妻はこの家で義母［姑《しゅうとめ》］とは奴隷も同然の関係になる。昔から変わらない慣習で、妻になった女性は実家を捨て、「孝行」を夫の母親［姑］に対して行うことになる。ところが往々にして姑は嫁を嫌い、もし子供を産めないと息子をそそのかして離縁させる。この宿の女将も息子を妻と離婚させているが、不精《ぶしょう》な女でしたのでという以上の理由を私に答えることができなかった。（『完訳』第二十二報）

これによって調査をしていたことが明らかにわかるのですが、単に戸数と人口を調べただけでなく、日本の一家族の人数が平均五人であることも知っていて、家父長的家族制度の本質にまで、聞き取りを通し言及していることから、彼女が記すように単なる「好奇心を覚え」てのものではないことは明らかです。『完訳』第二十二報の訳注43で指摘したように、バードが掲げる家数と人数には疑問があり、大家族制の存在も認められません。しかし、調査の前提となった一戸平均五人という数値は正しくかつ日本側の提供になると推察され、それを踏まえての調査の内容は、来日してまだ五〇日という点を度外視しても深い認識に基づいています。

注目されるのは家の外（入口）に門札が掛かっていることです。表札の普及については郵便制度の整備が関係すると言われますが、それ以上に重要な契機は上述の「郡区町村編制法」で、これによって各戸に「戸主或ハ寄留人ノ身分姓名を記した紙札」下に貼った番号札、つまり表札の設置が義務づけられたのです（その三年前の二月には「平民苗字必称義務令」を出して全国民が苗字を名乗ることを義務づけていました）。としますと、バードが沼に泊まった七月一一日はこれが交付される一一日前ですので、沼ですでに掛けられていたのは、新しい制度下で実施されることを前倒しして示そうとしたと考えられ、その六日後に金山でこの制度について戸長から知見を得ていることと符合します。この表札の設置は各県の警察の所轄事項ですので、バードの来訪に合わせてこれを掛けるよう内務省が事前に新潟県令に指示し、それを受けて準備させたと考えるほかありません。戸長もすでに決まっていたでしょうから、その協力もあったと推測されます。

次に、金山や沼でのような戸長の協力が、その職務に関わること以外でも見られた事例をあげておきます。秋田を出てから一週間後、バードは、洪水や豪雨に難渋しつつも矢立峠を越えて青森県に入り、碇ヶ関という峠下の村で三泊（七月三一日〜八月二日）するのですが、おそらく最後の日に、子供たちのいろいろな遊びを見せてもらっています。子供たちは「よく晴れ、風もあった」ので、「凧揚げ」や、夜には一二人の子供が「いろはガルタ」をしましたが、いずれも夏の遊びではありません。冬の遊びです。後者についてバードが、「伊《イ》藤《ト》は「冬には日本のどの家でもする遊びです」と教えてくれた」と記している（『完訳』第三十三報（続））こともその傍証になります。バードの臨場感あふれる記述は、自分自身の目で見ているからこそ生まれるものです。宿の主人葛原《くずはら》大助と、戸長を務めるその兄葛原伊惣助が、バードのために冬の遊びを見せてくれたと考えるほかないと思います。

そして、彼らが独自に思いついたとか、伊藤を通じて頼んだ可能性もないわけではありませんが、バードが、持参した『日本アジア協会紀要』の子供の遊びについてのグリフィス論文を宿で読んでいることや、いろはガルタに諺《ことわざ》が記されていてその諺についてもグリフィスが著書（W. E. Grifess, *The Mikado's Empire*（『皇国』）, New York and London, Harper & Brothers Publishers, Vol. 2, 1876）で記していることを知っていて、カルタ遊びのあと諺に話題を転じていることからすると、事前にそのことがわかっていたことになり、子供の遊びを見せるようにという指示が県からあったと考えるほうが自然です。準備されたものであったにもかかわらず、いろはガルタに記された諺の伊藤の訳にバードが「思わず笑ってしまった」のをきっかけに、「しまいには居合わせた二〇人全員が一つになって笑い疲れるほどに笑い転げたことだった！　このおかげで私の気分はずっとよくなった。本当に楽しい晩だった」（『完訳』第三十三報（続））という表現には、居合わすすべての人が幸せな一時を過ごせた喜びが滲み出ています。

なお、バードの子供に対する関心の強さがよく指摘されますが、子供への関心だけが強いわけではなく、幼少時から結婚、そして葬儀まで、人の一生を通して日本人をとらえようとしている点に留意せねばなりません。彼女が結婚式に何とか参列したかったのは単に風俗としての結婚式に関心を抱いたからではなく、女性の一生のうち最も重要な事柄だったからです。このことは、第二十九報「婚礼」のあとにN・マクラウドの翻訳によりつつ貝原益軒の『女大学宝箱』を小活字で四頁にわたって紹介している（『完訳』「日本の婦徳」）ことからもわかります。それだけにいっそう、これを見学する依頼を前もって行う必要があったのです。

以上、内務省の支援について記してきましたが、パークスがこの旅行計画を立案した当時の内務卿大久保利通はバードの来日直前に暗殺され、その後はそれまで工部卿だった伊藤博文が内務卿になっていますので、外務卿寺島の要請を受けて対応したのは、この二人ということになります。二人は岩倉遣外使節団の副使として欧米を視察した経験もあり、パークスの計画に理解を示したと思われます。

最後に伊勢神宮訪問についての日本政府の支援について見ます。「日本人がまさしく「二つの偉大な神殿」という意味で外宮《ゲクウ》、内宮《ナイク・ないくう》と呼ぶ伊勢《イセ》の二つの宮は、神聖さという点で神社の頂点を占める」という一文で始まる「伊勢神宮に関する覚書」を読めばわかるように、彼女は外宮の「〈正殿《ショウデン》〉」まで訪れているのです（それが事実であることは、サトウの記述と比べれば明らかです）。

彼女は「今は一定の制限はあるものの、内地旅行免状をもっている者には開かれて」いると記していますが、内地旅行免状を所有している者のすべてに認められたわけではありません。その上、『神宮司庁日誌』にはパークスでさえ「内玉垣御門《うちたまがきごもん》」（内玉垣南御門）までであり、初めて外国人として参拝が許可されたサトウの場合には「板垣門」（板垣南御門）までだったと記録され、瑞垣《みずがき》の内に入ることは許されていませんでしたから、まさに特別の厚遇を得ていたことは明らかです。「非常に興味深深」いものだった（七九年二月二九日付マレーへの手紙）という思いは詳細な記述に反映しています。

ではなぜこのような厚遇を得ることができたのかと言えば、その前年の一八七八年一月に教部省が廃され伊勢神宮は内務省社寺局の管轄となっており、大久保利通が不遇の死を遂げて以後は伊藤博文が参議でもある内務卿に返り咲いていましたので、前述の伊藤の支援ということになります。しかし、サトウが七二年一一月に外国人として初めて参拝を許可されたことが参議大隈重信と工部大輔山尾庸三の「大変柔軟な計らい」によるものだったことからすると、その三年後にパークスが参拝を認められたのも、当時は参議と大蔵卿を兼務していた大隈の支援による可能性があります。そうだとすると、これらのことがバードの伊勢神宮訪問に少なくとも結果的にはつながるものになったと考えられます。大隈の委嘱を受けた視察旅行として行ったシーボルトの北海道調査がバードの平取調査を支援するものでもあった（前述）ことにも、思いを致さねばなりません。

かくして寺島、黒田に加えて伊藤や大隈までもが支援に関わったとしますと、単に外務省―内務省・開拓使という関係ではなく、日本政府の最重要人物たちがパークスの要請に応えたとみなすことができる可能性さえ出てきます。このような点については詰めるべきことがありますが、少なくともバードの旅が、従来当たり前のように考えられ、関心の主因になってきたような女性の単なる一人旅などでは決してなかったことだけは明らかです（実はこのことに関しては、紙幅の関係で省きましたが、他にも紹介すべき事実があります。他日を期します）。

バードの旅に協力した民間人も、通訳兼従者の伊藤鶴吉や新島襄、赤松連城、金谷善一郎や伊勢の松嶋屋善三郎などの宿の主人から、バードが「暑がっているのに気づき、団扇《うちわ》をいそいそと取り出し、丸一時間もあおいでくれた。料金を尋ねると、いただけませんと言い、どうしても受け取ろうとしなかった」（『完訳』第二十三報）山形県の手ノ子《てのこ》の内国通運会社取継所の女たち、人力車夫にいたるまで実に多種多様であり、そのような人々もまたバードが賓客であることをわかった上で関わりを持ったということも忘れてはなりません。

第五章　日本の旅と旅行記がもたらしたもの

これまでの章を踏まえ、本章では一八七八年の日本の旅と旅行記がもたらしたものについて、長短二つの時間の中で考えます。すなわち、バードやこれを支援した人にとってどのような意義を持ったのか、つまり、短い時間に関わって考え、次に、旅行記が一旦ほとんど忘れ去られた後に復刻や翻訳によって蘇って以後、何をもたらしたのかを、いわば長い時間のこととして考えます。

1 バードと関係者にとっての意義

バードにとっての意義

気温が下がり、空気が乾燥するとともに元気が回復し、まことに愛しく、興味つきないこの国［日本］を去る今、かなり元気になりました。七カ月にわたって忙しく過ごしたことによって、自分の国［英国］のためになる知見をこの上ないほどに獲得できたからです。

これは、ストダートが紹介する、ヴォルガ号に乗船する間際《まぎわ》のバードの気持ちです。日本の旅を終えた時点での彼女の満足感が何によるのかを、元気を回復した理由も含め、明快に述べています。後半の文章は、「この国が私を有頂天にさせるというより、調査研究の対象になる国であることがわかった。その興味深さには予測をはるかに超えるものがあった」という本書冒頭の一文（『完訳』「はしがき」）とみごとに対応しています。また、「進み方がのろのろしている上に、骨が折れ、風景が単調」だった（青森から函館に着いた時点でのマレーへの手紙）こともあって必ずしも楽しめたわけではないものの、熱心に研究しようとすると、きわめて興味深い対象であり、それ故大いなる知的関心を抱くことになった日本の旅が、パークスから託された責務を果たす旅であったという私の考えを裏づけます。

ただ、バードにとっての意義ということで言えば、彼女の旅の人生における最大の転換点になり、これを礎《いしずえ》に旅を重ね、旅の成果を出していったということが重要です。これにより、王立地理学協会初の女性特別会員という、旅行家としての最高の栄誉を得、その後の展開にも結びついていったからです。

このうち、日本の旅以降の旅の特質や、旅の成果の英国社会への還元に彼女がいかに努力を重ね続けたかについては、すでに第二章で触れましたので省き、次のことを再確認するにとどめます。その一つは、自然的・社会的冒険性に満ちた旅や、体調の具合を無視した講演活動の旅の激しさは、「生まれながらの旅行家」（『中国奥地紀行2』第三十二章）との自覚の下に、使命を果たそうとする強い意志によるものだったということです。

他方、旅行記について言えば、論文を書くにとどまったシナイ半島やモロッコの旅、ごく小さな書物を書いただけの小《レッサー》チベットの旅を除けば、その後の書物のうち『ペルシャ・クルディスタン紀行』と『朝鮮奥地紀行』『中国奥地紀行』が、それまでの三つの旅行記の二倍のものだった『日本奥地紀行』のボリュームを踏襲する大作になっていったことと、『マレー半島とその彼方』も、――旅の期間が短かったためもあって――やや小さいとはいえ、ハワイやロッキー山脈の旅の作品よりは『日本奥地紀行』に近いことに注目する必要があります。『中国奥地紀行』は一巻本ですが、ボリューム的には『日本奥地紀行』に匹敵します。一九〇〇年刊『日本奥地紀行 新版』の底本にしたのも二巻本でした。ただ、大切なことは、この変化が単にボリューム上のことではなく、手軽に読める「旅と冒険の本」からの一大転換でもあったことです。このような転換がなければ、「大英帝国」の意識が強い王立地理学協会が、激論の後に例外的なこととして女性会員を認めることにはならなかったと考えられます。

また、この一大転換が、鋭い観察に基づく臨場感あふれる記述という特質は残しながらのものだったことも重要です。これによって、報告書的な書物にありがちな堅苦しさとは無縁な作品であり続け、両者を併せ持つ作品としての魅力を保ち続けたのです。その意味でも、彼女が最終的に写真を重視したことと、この作品が、一八七八年の日本の旅の記録である『完全本原著』から生まれたものとして重要ですので、『日本奥地紀行 新版』について補足します。

バードはすでに第II期の旅で文章を補完するものとして銅版画の活用を始め、当然ながら、日本の旅を含む第Ⅲ期の旅や第Ⅳ期の旅でも踏襲しました。そして、ペルシャの旅で目覚めた写真の効果を生かすために帰国後ロンドンで本格的に勉強し、それを次の第Ⅴ期、つまり日清戦争前後の極東の旅で実践しました。写真という表現媒体自体は、第Ⅲ期の日本の旅の頃にはすでに新しい表現手段として注目を集めていました（バード自身も、日本の旅行記の二つの口絵など、既存の写真からおこした銅版画を用いています）から、バードが先駆的というわけではなかったものの、旅行記に写真を活用するという点ではパイオニアの一人となり、旅行家としての新たな境地を開いたのです。彼女が写真を重視したのは、事実を伝えるには銅版画やスケッチよりも写真のほうが勝っていると考えたからです。この点は『中国奥地紀行』で何度も強調しています（私は、バードが写真を活用したのは、絵の美しさが高く評価される女性旅行家のマリアン・ノースやゴードン＝カミング、とくにノースのことをも意識していたと考えます）。

　こう考える時、従来ほとんど関心をもたれてこなかった『日本奥地紀行 新版』には看過できない意味があります。三年二カ月に及ぶ極東の旅が、日本をベースキャンプとして初めて成就しうるものであったことをバードは認識していたからこそ、ジョン・マレーの方針のために簡略本にとって代わられ、忘れ去られてしまっていた二巻本の著書『日本奥地紀行』をごく一部削除する一方、旅行家として成長を遂げた証である写真を一四点挿入し、的確な序論を付して蘇らせたわけです。そして、その口絵写真を「ある城の角櫓《すみやぐら》」の写真で飾ったのです。この写真は単なる熊本城宇土《うと》櫓の写真なのではなく、その上に並び立つ人々（英国人宣教師ハンナ・リデルら）との記念写真であり、キリスト教伝道活動への彼女の強い思いに結びつくものでした（『極東の旅2』や二〇〇九年四月四～六日付『熊本日日新聞』金坂連載記事参照）。七八年の旅とは無関係なこの写真は、九四～九七年の極東の旅にあって都合一年近くにもなった日本滞在にとって、最も重要なものであることを示しているのです。そして『日本奥地紀行 新版』は、命をかけて行った極東の旅の成果が『朝鮮奥地紀行』と『中国奥地紀行』の二冊だけではないということを示す上で不可欠な書物だったのです。

チェンバレンにとっての意義

驚かれると思いますが、バードとの出会いやその旅、旅行記を最も生かしたのはチェンバレンだと私は考えます。まず第一に、さまざまな支援を通してバードの旅の成果、とりわけアイヌに関する成果を知ったことが、彼が後に平取などでの現地調査に基づいたアイヌ語研究を行う契機になったと考えられるからです。一八八七年に出た大部な論文 Basil Hall Chamberlain, The Language, Mythology, and Geographical Nomenclature of Japan Viewed in the Light of Aino Studies（「アイヌ研究より見たる日本の言語、神話、地名」）, Including "An Ainu Grammer" by John Batchelor and A Catalogue of Books Relating to Yezo and Ainos, *Memoirs of the Literature College*, Imperial University of Japan No. I, Imperial University, 1887 は、その前年の現地調査の成果ですが、その中で「ミス・バードが彼ら「アイヌ」の習俗を生き生きと記した」と的確に紹介しています。また、付録の「蝦夷及びアイヌ著作目録」にも彼女の旅行記を掲げ、「第二巻には、著者がアイヌの人々の中でしばらく過ごした折のことが、習俗を中心に生き生きと《グラフィック》かつ絵を見るように《ピクチャレスク》記されている他、蝦夷南西部の風景が報告されている」という、これまた的確な評価を伴って紹介されているのもその傍証になります。この四年後に出版した『日本事物誌』の「日本関係書」の項などでの本書への高い評価を、四九年後の一九三九年に出した最終版（第六版）でも変えなかったこと（前述）につながります。

それだけではありません。この『日本事物誌』は日本学者としての彼の研究のいわば総決算ですが、日本に関する事物のうち、外国人の興味を惹く約二〇〇もの項目を取り上げ、コンパクトに、かつ自身の見解を込めてまとめるというそのスタイルは、日本の真の姿を、自分の見解や思いを込めて旅行記としてまとめたバードの書物と好対照をなしています。約半数もの項目がバードの旅行記で記されていますが、チェンバレンがそのことを意図していたかどうかはともかく、まったく異質でありながら、結果的には、日本についての相補い合う効果を持つ作品になっているのです。

かくして、チェンバレンのバードへの支援は大きな実りとなってチェンバレンにも返ってきたと考えられます。その後実に二〇年以上にわたって、二人の間には書簡を通しての交流があったという事実（楠家重敏『ネズミはまだ生きている――チェンバレンの伝記』雄松堂出版、一九八六）は、このようなことを踏まえて理解する時、まことに興味深いことになるのです。

さらに、一八八一年に初版（Ernest Mason Satow and Lieutenant A. G. S. Hawes, *A Handbook for Travellers in Central and Northern Japan*（『中部及び北部日本旅行案内』）, Yokohama, Kerry & Co.）が出たサトウとホーズの編集になる旅行案内書の編者が、第三版ではチェンバレンとメーソンにかわり、内容も一新されました（Basil Hall Chamberlain and W. B. Mason, *A Handbook for Travellers in Japan*（『日本旅行案内』）, Third Edition, London, John Murray, 1891）が、このことも注目されます。この書物は日本がどのようなところなのかを旅を通して知るための学術的・地誌的作品でもあり、この意味でバードの旅行記とも関連を持つものであるからです（八四年に出た第二版では会津から新潟に出るルート58がバードの旅行記に負っている旨記されているほか、序論の温泉の項目をバードが執筆しています。なお、邦訳書の庄田元男訳『明治日本旅行案内 上』で同項の執筆をベルツと訳者が補っていますが、バードの誤りです。また第三版ではルート66について、噴火湾沿いの旧道についてはバードの旅行記が紹介されています）。

チェンバレンが編者になるのは、サトウが八四年にバンコク駐在代表兼総領事となって離日したのと、すでに第二版でジョン・マレー社の旅行案内書《ガイドブック》叢書の一つに入ったために、版を重ねねばならなかったのが直接の理由ですが、彼自身も旅を重ね実績があったからで、結果としてはチェンバレンの三つの代表作はいずれもバードの旅とその作品、そしてバードを支援したこととつながるものになっている点が肝要だと、私は考えます。

パークスにとっての意義

以上、チェンバレンにとって、バードとの出会い、旅と旅行記の支援をしたことが大きな意義を持ったことを指摘しました。ですが、彼女の旅と旅行記の成功をだれよりも喜んだのは、その旅の計画を立案し成功させ、さらには彼女への支援を通してチェンバレンに大きな刺激を与えたパークスその人だったといって間違いありません。

本章の冒頭で私は、離日時のバードの満ち足りた気持ちとその理由を示しましたが、横浜から香港に向かうため彼女がパークスに別れを告げて去っていった直後の一八七八年一二月一八日に、パークスが英国に帰っている妻に宛てて書いた手紙にも、バードの気持ちに通じる彼の安堵と喜びが感じ取れます。

> まず、たった今バード嬢に別れを告げたことを知らせておこう。一〇日間私の下［公使館］にいたけれど、膨大な情報を基にした彼女の話にはいつもわくわくした。彼女はご高配にあずかり深謝していますとも言っていた。私宛のもの二通とは別に君にも一通書いたということなのでそれを同封する。（『パークス伝』、著者訳）

パークスの喜びは彼女の帰国後も彼女への支援を続け、その甲斐もあって、二年後にその旅行記が完成し、それが亡き妻に捧げられていることを知り、すぐに絶賛の嵐が沸き起こった時、いや増しました。その気持ちをパークスはバードに伝えています。また、バードとリード卿の日本に関する二つの書物のうち優れているのはバードのものだという意見が正当です、という賜暇休暇中のサトウから届いた手紙（『パークス伝』）は、サトウもまたバードの書物を高く評価していたことを裏づけますが、このサトウの評価もいっそうパークスにとって喜ばしいものだったと考えられます。同じジョン・マレー社からもっと立派な装釘で二巻本として出版されたリードの書物が、日本の海軍省の招待を受けて公人として来訪したことに基づく作品であったことを両人とも知った上での評価だったからです。

ですが、私は、パークスの喜びはもっと深いものだったと考えます。なぜなら、わずか三年の在任だったにもかかわらず歴史に残る大著『大君の都』ほか一冊を出版した初代駐日公使オールコックのように自ら日本に関する書物を書くことはなかったものの、パークスは多くの人の力を活用することによって、日本で大英帝国を代表する人物としてより大きな成果を生み出そうとしたからです。日本アジア協会を組織して日本に関する学術研究を推進し、研究者を育てるなどの総合的な戦略の一環としてバードの旅と旅行記を立案・計画しそれを成功させ、それも生かした新たな展開が作り出されていったからです。

金井円氏は芳賀徹氏との対談「外国人の眼に映じた歴史時代の日本」（『歴史公論』第10巻3号、一九八四）の中で、なぜパークスがオールコックの『大君の都』のような回想記を書かず、「その場その場では的確な行動をしているんですけど、それを自分で跡づけ」なかったのかと言いますが、私は、「なぜ」と問うようなことではなく、今指摘したような考えをとったことがその理由だと考えます。バードの旅行記をオールコックの大著に続く時代の、オールコックが二度の旅で訪れなかった「未踏の地」に関するものにすることによって、相補い合う関係を生み、二冊揃うことによって包括性が増すと位置づけていたのではないかとも推察しています。

そして、彼のまわりの者もバードもこのようなパークスの考えを承知しており、そのこともあってバードはオールコックの高い評価をいっそう喜んだと考えます。先に私はバードの日本の旅の記録が二巻本であることに注目しましたが、バードのみならずパークスもまたオールコックの書物と同じ二巻本にこだわった可能性があります。バードの旅以前に特別の許可を得て行われた米独仏による旅に基づくいずれの本にもまして、少なくとも旅行記として目立つ作品になったことは、バードの旅と旅行記が英国を代表し、かつパークスの総合的戦略の一環として生み出されたものだけに、その意義は大きかったわけです。パークスが妻の死去に伴って帰国していた折に、バードの妹ヘンリエッタの旧宅を訪れ、そのことを長文の手紙でバードに書き送っています（『パークス伝』）が、日本の旅を通しての絆の深さとバードへの感謝の気持ちあってこその行為は、彼にとっての意義を抜きにしては語れません。

バードが極東を旅していた最中の一八九五年五月に日本駐箚《ちゅうさつ》特命全権公使としてモロッコから栄転してきたサトウにとっても、七八年のバードの日本の旅と旅行記の意義は大きなものでした。九五年と九六年の中禅寺湖畔のサトウの別荘での滞在は双方にとって意味のあることでした。一九〇〇年に清国駐劄特命全権公使に任命されたサトウの招待に応じて中国をも訪れることは叶いませんでしたが、生涯最後の旅の舞台が、彼が日本に栄転してくる前の赴任地モロッコであったことが示すように、最後まで交流は続きました。少なくとも一八七八年の旅の時点ではパークスに対するほどの親近感をサトウに対して覚えていなかったと考えられるバードですが、彼が駐日英国公使として戻ってきた時、激動の極東を介して二人は強い絆で結ばれたのです。

伊藤鶴吉にとっての意義

では、一八七八年の旅を成功させた立役者の一人、伊藤鶴吉にとっていかなる意義を持っていたのでしょうか。バードが Ito というありふれた姓だけで記したために長く謎の人物となり、歴史のもくずと消えたという関川夏央氏の見解が岩波新書にも記され定着していますが、そのような人物ではまったくなく、一九一三（大正二）年に亡くなった時に「通訳の名人逝く」とか「ガイドの元祖、日本一の通弁《つうべん》」「通弁の元勲逝く」などと題した大きな訃報が出るほどの人生をその後展開した人物でした。そしてそのような活動を展開する礎は、もちろん彼の能力の高さもありますが、言うまでもなく、バードの通訳兼従者としての経験でした。

訃報のうち彼女の名を明記するのは、「英国女流作家バアド嬢の日本内地旅行記には氏の功績を称讃しあり」と記す『萬朝報《よろずちょうほう》』と、「英人巾幗《きんくつ》著述家ミヘスバートノアンビーツンツラツクジャパンの材料は重《おも》に同氏の手に依りて蒐集せられたりと云ふ又ロンドン日本協会名誉副会頭は曾《か》つて氏を評し山紫水明にして名所旧跡に富める日本は最《さい》豊富なる歴史的説明材料を特に通訳者伊藤鶴吉君に依りて一層面白く紹介さるべしと云へり以て其の英語に熟達せるを想見すべし行年《ぎょうねん》五十七歳惜むべし」と記す『横浜貿易新報』だけです。しかし、『報知新聞』の記載からもわかるように、「幾多の貴顕《きけん》紳士に昵近《じっきん》し其の賞讃の辞を受けたる事枚挙に遑《いとま》あらず」という活動を展開できたきっかけが、バードとの旅にあったことは伊藤自身が認めているのです。その中に、「米国鉄道王ハリマン氏及太平洋汽船会社長シュウエリン氏」がおり、「二氏共に深く其の技倆と頭脳とに惚れ込み各所有の鉄道汽船の無賃乗行を許すの特権を与へられたり」という紹介は、伊藤の活躍ぶりとバードの旅がいかに多くのものを彼にもたらしたかを示しています。

バードの旅から二年後の八〇年には英国人昆虫学者G・ルイス夫妻の通訳兼従者を務め、その訪問地にはバードとの旅で訪れた函館・七飯《ななえ》・蓴菜沼《じゅんさいぬま》・旧室蘭・幌別・白老・苫小牧なども含まれています（草間慶一「ジョージ・ルイスの足跡について　上・下」『月刊むし』、一九七一年一一月、一二月号）。また、その翌々年の八二年には、金満家のフランス人ウーグ・クラフト兄弟ほか一行の大旅行の通訳兼従者を務めたのみならず彼らの日本の家にも住み込んで日本滞在を支えていたのです（一二八頁の金坂論文参照）。

以上のような意味で、バードは、近代日本における外国人来訪史の中にも看過できないものを、伊藤を育てることによって残したということができます。

2 バードの旅と旅行記が欧米にもたらしたもの

英国にもたらしたものとしては、第一に英国教会伝道協会によるアイヌ伝道の本格的開始をあげねばなりません。すでに指摘したように、バードの、とくに平取におけるアイヌの風俗・習慣・言葉に関する調査は、酋長ペンリウクとの絆を結んだことを含め、そのためのものでもあったと私は考えます。デニングが一八七六年にとくに平取に入って言語の習得も伴って伝道に着手し、二年後にバードが平取に入ったこと、そしてその調査や鮮やかに記述された情報についてデニングが『チャーチ・ミショナリー・インテリジェンサー』に報告していたという『英国教会伝道協会史』の記述（前述）はその根拠です。加えて伝道活動の任を担うはずだった活力に満ちあふれた福音伝道者デニングが条件付霊魂不滅説という神学上の問題のために八三年に同協会の宣教師の地位を解任されるという事態が生じる前、バードの平取来訪の翌七九年に同協会の宣教師になったばかりのJ・バチェラーによるアイヌ伝道が始まり、本格的に展開していった事実があります。バチェラーが平取のペンリウク宅に滞在し、アイヌの言葉と文化を学ぶことを通して始まったことがバードやその前のデニングの来訪を礎とするものだったことは、前述の『日本と英国教会伝道協会の日本伝道　第二版』に明らかです（私は、デニングの精力的な働きは当初同協会も高く評価するものだったにもかかわらず、解雇というきわめて厳しい処分を下した事件に関しては、ヘレン・ボールハチェットの好論「ウォルター・デニング――明治初期における宣教師の活動」（『アジア文化研究』第16号、国際基督教大学、一九八七）などがあげる諸事情に加えて、香港で宣教師の道を歩み始めたバチェラーを導いたバードン主教が彼をデニングに替わるアイヌ伝道の宣教師として平取に送り込んだことなど、バードンに関わるものもあるように思います）。

もちろん、バードの旅行記が欧米にもたらしたものは、アイヌ伝道に関わることだけではありません。英国人の探検家A・S・ランドアのアイヌの世界の旅行記（一八九三）や、ワシントンの国立博物館学芸員のR・ヒッチコックが大阪の第三高等中学校（第三高等学校の前身）にお雇い外国人、英語教師として勤務していた一八八八年当時現地調査に基づいて書いたアイヌに関する大部な学術論文（一八九二）、あるいはフランス人作家ベルソールの旅行記（一九〇〇）が示すように、アイヌとその世界自体への関心を惹起するものの一つになりました。

またアイヌと北海道に関することに限らずこの旅行記が読まれたことは、たとえば、王立地理学協会特別会員で日本に滞在したA・H・クロウ（一八八三）、工部省のお雇い外国人W・G・ディクソン（一八八二）、宗教冊子協会に関わりの深い作家A・R・バトラー（一八八八）

など英国人の著書のみならず、山川捨松を留学生として受け入れた関係で彼女や津田梅子の招《しょう》聘《へい》で来日し華族女学校の教師をしたA・M・ベーコンや後述するE・S・モース、あるいはJ・J・ラインの大著の第二版（一九〇五）などその例をあげればきりがありません。ランドアも、主たる目的地は北海道でしたが、東京・日光・鎌倉なども訪れています（なお、バードの旅行記はジョン・マレー社から出版されたすべての書物と同様、ロンドンに進出していたG・P・パットナムズ・サンズ社からも出ており、米国人の場合にはこのパットナム版によって読まれました。二つの版では頁立てが違うのでわかるのです）。

しかし、以上のことにもまして注目されるのは、早くも一八八二年に『日本奥地紀行』のドイツ語版が地誌的な作品として出版されたことです。しかも、世界を代表するドイツ人地理学者F・ラッツェルはその日本研究のために英語の原著二巻本を繙《ひもと》いています。彼が「東京に関する覚書」と「東京に関する覚書（結）」に注目している（田中和子「フリートリッヒ・ラッツェルの日本論」『人文地理』第48巻4号、一九九六）のは、これを地誌として評価できるという私の理解に通じます。

このように、バードの旅行記はさまざまな形で評価されたのですが、その中で、開拓使の最高顧問だったH・ケプロンや、大森貝塚の発見者として知られるE・S・モースが、一部をもって全体を否定する厳しい批判を行っていることにも留意せねばなりません。ケプロンは、バードが北海道の気候に関し「北部の冬はシベリアなみである」と記している（『完訳』蝦夷「蝦夷に関する覚書」）にもかかわらず、「シベリアの気候と明言し」ていると批判し、このことを英国人が「不動の事実として受け取っている」のは「ハリー・パークス卿とアジア協会」が公表したことによると続け、「本をフィクションで埋め」ているといったとんでもない指摘をしています（ホーレス・ケプロン著、西島照男訳『ケプロン日誌　蝦夷と江戸』北海道新聞社、一九八五）。モースの場合には、下関砲撃事件賠償金の件などで在日英国人の日本に対する優越意識への反感による怒りが「強引なハリー・パークス公使のみか、パークス宅に起居していた」バードにも向けられているのです（中西道子『モースのスケッチブック』雄松堂出版、二〇〇二）が、進化論に立つモースとバードとの思想上の対立もあっての批判であることも明らかです。彼ら二人の米国人の批判は、このように単にバード個人ではなく、パークスを頂点とする英国に対する反感や日本アジア協会を核とする日本研究のあり方を批判する中での立場と見ることができます。このことは、バードの旅がパークスによって立案・計画されたものであり、英国公使館を最重要拠点とする旅だったという私の考えを裏づけてもいます。

ところが、ジョン・マレー社の出版台帳によりますと、『日本奥地紀行』（簡略本です）は、バードが亡くなった後も二〇年ほどの間は断続的に製本され、細々出荷されていったことが確認できるものの、その存在は一旦ほとんど忘れられました。そして、第一章で記したように、一九七一年に復刻版が刊行されて以後、蘇りました。が、その時、復刻されたのが簡略本だったために本来の旅と旅行記の姿が誤解される形での蘇生となり、受容となっていったのです。

近年ようやく完全本の復刻が出ましたが、今でも簡略本を底本とする書物が、旅の本質や完全本や新版との異同についての的確な解題を欠く形で刊行され、読み継がれているのです。

3 蘇った旅行記を真に理解し、楽しむために

忘れられた旅行記とその復活

では、日本ではバードの旅と旅行記はどのように受容されてきたのでしょうか。たとえば、矢吹慶輝監修、桜井匡・古野清人・石津照璽・成田昌信共編『外人の観たる日本国民性』（財団法人中央教化団体連合会、一九三四）には、明治時代に来訪した外国人の作品として四五の書物が取り上げられ、その中には女性の作品も二つ入っているのですが、バードの書物は含まれていません。厳密に言えば、三〇六もの欧文文献を掲げる「参考書略目」には Bird, Miss. I. L. Unbeaten Tracks in Japan. 1880 と記されてはいるものの、「日本に渡来しその文化に貢献せる主なる欧米人」四九四名の中にバードは入っていないのです。この事実は、この書物が「財団法人中央教化団体連合会の依嘱により、欧米人を主として、広く外人の日本国民性に関する記述類」を「東洋文庫、日独文化協会、日仏文化協会、上野、日比谷等の各図書館所蔵の

書籍中閲覧し得たもの」を抄訳し、「明治以前、明治時代、大正以後」に分類した重要な書物であるだけに看過できません。また、バードの旅行記の内容からいって、国民性に焦点を置いたから省かれたとも考えられません。大日本文明協会編『欧米人の日本観　上』（大日本文明協会、一九〇八。原書房、一九七三復刻）において、「王政維新より日露戦役に至る」章に含まれていないのはともかく、この本に含まれていないのは今日的に見れば驚くべきことです。

バードの名前が日本語の書物に現れた最初は、日本の旅行記ではなく、朝鮮の旅行記です。工藤重雄訳『三十年前の朝鮮』が一九二五年に東亜経済時報社から出版されたのです（龍溪書舎、二〇〇八復刻）。これは日清戦争後の三〇年間における朝鮮の激変を比較して理解する上で、バードの「犀利《さいり》な観察眼と精細な筆致」による原著が大きな意義を有するとして抄訳されたものです。その慧眼《けいがん》は評価されます。しかし、工藤氏には、彼女が日本の近代初期を描く重要な旅行記を執筆していた事実には目が届きませんでした。ましてや日本の旅と旅行記があったからこそ日清戦争前後の朝鮮とその近隣を旅して、その結果、朝鮮の旅行記が生まれたということは理解されていませんでした。

そして、この工藤本に次いでバードの名前が日本語の書物に現れたのもやはり『朝鮮奥地紀行』でした。一九三八年に岩波新書の嚆矢《こうし》を飾る書として刊行されたクリスティー著、矢内原忠雄訳『奉天三十年　上・下』（再刊、一九九二）です。バードの奉天訪問と事績が、英国人の医療伝道者クリスティーにとって大きな意味を持つものであったが故に、その自伝的回想録の中で記したのです。「数年の後、我々は有名なる旅行家イサベラ・バード・ビショップ夫人の訪問を受けた」という一文で始まるバードに関する記述は、ほかの来訪者についての記述とはまったく異なる詳しさです（実際にはモロッコの旅だけになった一九〇〇年の中国の旅では、彼女の寄進でできた奉天と杭州の医療伝道病院を訪ねる計画が軸になっていました）。

それだけに、イサベラ・エル・バード著、神成《かんなり》利男訳『日本の知られざる辺境——北海道篇』郷土研究社が——簡略本を底本とし北海道の部分だけに限ってですが——、一九六九年に刊行された（一九七七年に『コタン探訪記——日本の知られざる辺境　北海道編』と改題の上、北海道出版企画センターから再刊）のに続いて、一九七三年には高梨健吉氏によって『日本奥地紀行』が平凡社東洋文庫から出版されたことは画期的ではありました（神成氏がこの訳出を思い立ったのは仁多見巌『アイヌの父ジョン・バチェラー』（楡書房、一九六三）にバードのことが記されていたこと、高梨氏の場合には同じく平凡社東洋文庫から、チェンバレン著『日本事物誌1・2』（一九六九）を訳出し、これにバードの旅行記が高く評価されていたことによると考えられます）。

詳細は省きますが、この刊行をきっかけとしてこれに依拠する形でバードの旅を紹介するものが佐伯彰一・芳賀徹編『外国人による日本論の名著』（中公新書、一九八七）をはじめ急に現れていきました。加藤秀俊『紀行を旅する』（中央公論社、一九八四）に代表されるように、旅行記を持ってそのあとを旅するという旅行記の新しい読み方を示す書物もこれまでいくつも著されてきています。一九八四年に刊行された宮本常一『古川古松軒／イサベラバード』（未來社。

後に『イザベラ・バードの『日本奥地紀行』を読む』として平凡社ライブラリーに収録）は、同氏が開催していた講読会で高梨本をテキストとし、バードの記述を自ら旅を重ねてきた民俗学者としての目で分析したものであり、バードの記述が研究者から見ても評価できることを平易な語り口で解読したものとして一つの頂点をなすものとなりました。氏の高い評価は、旅行記を単なる読み物としてでなく、研究の対象とすることができるという考えを生む上でも大きな意味を持っていました。

高梨本は多くの読者に受け入れられ、バードへの関心も高まりました。しかし高梨本には二つの大きな問題点がありました。その一つは、簡略本を底本としていることからバードの旅と旅行記の真の姿が理解できないことです。第二は高梨氏が英語学・英文学者であったことからやむを得ない面もありますが、フィールドワークを含む歴史地理学的研究（検証）を踏まえずに翻訳し、旅の本質の理解も間違っていたことです。第一章で記したように、旅行記の翻訳には「旅行記の読みの定理」の実践と旅行記を科学するという姿勢が不可欠です。

高梨本が多くの人に読まれた結果、一般読者のみならず研究者も、これでバードの日本の旅のすべてがわかると受け取るという問題も生じました。第三章で触れた赤坂憲雄氏は、『イザベラ・バードの東北紀行［会津・置賜編］――『日本奥地紀行』を歩く』（平凡社、二〇一四）を前掲の「十三の峠を越えて」とほかの一つのエッセイを元に著しています。同書の「あとがき」で、これまで簡略版を元に書いたが、この本を編むにあたり『完訳 日本奥地紀行』をテクストにして改稿したとして、「わたしは簡略版の印象から、うかつにも、バードをたんなる行きずりの異邦人の旅人と見なしていたが、とんでもない誤解だった」と書いています。一例として廃仏毀釈について簡略版では記述されていなかったが、『完訳』第十五報（結）でそのことに触れていたことに初めて気がついたと書いていますが、簡略版は複雑な削除をしているので、東北・北海道についても、旅の全容とバードの見たもののすべてを理解するには『完全版原著』（完訳版）を読まなければならないのです。高梨本の「解説」には初版は二巻本であることが記されているのですから、研究者としてその点に思いを至らせることはできたはずで、赤坂氏は原著に基づいて考えるという研究者として当然のことをせず、種々の問題のある高梨本に拠って私見を加味し、誤った理解を社会に広めてきたと言わざるを得ません。

また、内藤高氏による、バードの音に対する記述とモースのそれを比較した論考（「騒音の文化——イザベラ・バードとエドワード・モースの聴く日本（一）」『同志社外国文学研究』66、一九九三。後に『明治の音——西洋人が聴いた近代日本』中公新書、二〇〇五）は、視覚的なことに注目が集まるなかでの視点として評価されますが、『完訳』の訳出に際し、バードの音に関する記載に膨大なものがあることを知る者として言えば、さらに内容を深めることができたように思います。内藤氏は宿屋での騒音についてバードが記していることを強調しますが、「寺の鐘のこの世のものとも思えぬ甘美な響き」（『完訳』第四十五報）と書き、第三十八報では僧侶の読経と会衆の不明瞭な音の風景も描いており、バードが日本の音を不快としてだけとらえていたのではないことも認識する必要があります。高梨本でよしとすることの限界がここにも表れていますが、研究者としてはやはり『完全本原著』を読むことが不可欠なのです。そもそも、バードは風景・光景の描写は言わずもがな、音や香り・臭いをも一瞬のうちにとらえて表現することに長《た》けていますので、ここから得られるものはさまざまに広がっていくはずです。音に限っても、人間の営みから生まれる音や自然が生み出す音も含めて実に豊かに表現している点に留意して初めて、彼女の音の風景《サウンド・スケープ》がわかるのです。

旅行記の真の理解のために

以上、私は、日本では欧米にもまして、長期の時の断絶を経て蘇ったバードの日本の旅と旅行記が抱えてきた問題を、その貢献を認めつつも高梨訳に由来する問題として説明し、その克服を図るところに新しい旅行記の生かし方や楽しみ方が生まれることを述べました。

第一章で指摘したように、一九七〇年代から復刻されてきた旅行記が簡略本であったという事実は、バードの伝記を書いた人々さえ巻き込んでいます。D・ミドゥルトンもP・バーも、O・チェックランドもE・ケーも、完全に簡略本をもってバードの日本の旅の成果だと考え紹介しているのです（二巻本を書名として掲げている例もありますが、読んでいるのは簡略版です）。そしてこのことは、彼女たちの、バードの日本の旅の位置づけのみならず、バードの旅の生涯全体の理解の仕方にも影響を及ぼしています。日本の旅をわずか七行ですますミドゥルトンの場合は論外としても、旅の生涯において最大の転換点になると考えられる日本の旅の位置づけで問題がないのはケーの作品だけですが、そのケーでさえも簡略本をもって日本の旅だとみなしているのです。

バードの日本の旅行記が三種もの形で存在したのは大変特異なケースではありましたが、本書で解明したように、それ相応の理由があったのです。このようなことにまで思いをめぐらすことによって、初めてバードの旅の生涯における最も重要な転換点になった日本の旅をよりよく味わうことができるのです。

かつて旅行記は旅に出ることのできない人が、旅した人の記録を通して旅を想像して楽しむものでした。しかし今はそのような楽しみ方だけでなく、旅人が描いた世界に自ら出かけ、その旅と自分たちの旅を読者が主体的に重ね合わせる旅（私のいう Twin Time Travel = 「ツイン・タイム・トラベル」）を楽しむ中で読むという味わい方もできる時代になりました。ですから、訳者はそのような読者の期待に応える翻訳をすることが必要です。そこには単に外国語を日本語に機械的に置き換える作業ではなく、文化の媒介者にふさわしい、科学する精神に立脚した作業が求められるのです。ですから、原著自体に時としてある誤りについてはこれを指摘しなければ、著者バードと同じ場所に立って読むという読者の楽しみに応えられません。たとえば、バードが「一身田《イッシンデン・いしんでん》の山門」と題して、また「琵琶湖の茶屋」と題して掲げる銅版画（とともに『完訳』第五十七報）に惹かれて三重県の津市の大刹専修寺《せんじゅじ》や大津を訪れたら、時岡訳や楠家ほか訳の読者は裏切られます。前者は鎌倉の名刹建長寺の三門であり、後者は神奈川県の金沢八景の一つとして知られていた平潟湾の茶屋村田屋を描いたものなのです。

二つの富士山の銅版画が示すもの

一点の写真や銅版画にこだわることによって、また、文章の一文一文、一語一句にこだわることによって、バードの旅と旅行記の真の姿に迫れることを証明する営みを日本の旅と旅行記に即して記すという、当初計画していた部分は、紙幅の関係で次の機会に回します。ただ、本書が旅行記を科学するという考え方の重要性を示すことを眼目とし、これによってバードの旅と旅行記の受容の歴史を改めることを意図するものであることを再確認する上で、どうしても触れておかねばならないことが一つあります。

それは、ジム・ニュージェントあってこそのものだったロッキー山脈の旅行記が、日本を旅している間中『レジャーアワー』に連載されていることを彼女がわかっていたという事実と、彼のことを心の片隅に置きながら旅をしていた可能性があるという仮説を第二章で提示した以上、その根拠を示しておく必要があるからです。そして、第一報の冒頭を飾る富士の銅版画（図4）こそはその根拠になるからです。

原著では、LETTER Ⅰの書き出し部分と見開きにして掲げ、しかも、銅版画を、「ふと陸の方向ではなく空の方向を見やった時、遠くの空の思いもかけない高い所に、頂きが途切れた巨

図4：富士山（『完訳』第一報に収録）

大な円錐状の山が見えた。鉛色をした山はすばらしい曲線を描いてうす青色の空に向かって海の上にそびえ、海抜一万三〇八〇フィート［三九八七メートル］の頂には真っ白い雪がかぶっていた。そして麓および麓と海の間は薄ねずみ色《ペール・グレー》の靄《もや》に包まれていた*。夢のように美しい光景だった。だが、すぐに夢のように消えてしまった」という印象的な文章の間に収めて、文と図とが呼応するようになっています。

この挿絵は、白幡洋三郎氏が発見した（白幡「碧眼富岳三十六景（その四）――尖り富士、平ら富士」『日文研』10号、一九九四）ようにスタインメッツの書物の富岳図によっていることが明らかです。ただ、この挿絵がバード以前にディクソンの書物に入ったと氏が記す（白幡「碧眼富岳三十六景（その一）」『日文研』7号、一九九二）ような事実はないということ以上に問題なのは、バードがその挿絵をそのまま収めているわけではないことです。原著によって検討すればわかるのですが、元の挿絵は富士山を陸地から見たもので、手前に椰子とおぼしきものもある木々が茂り、その間に湖が広がる風景の一部として描かれている情景です。これに対しバードは、湖を海に変え、植生を日本的なものにする一方、富士の姿は、逆に、現実からいっそうかけ離れたものにし、自分の作品として収めているのです。あくまでも、予想外の高所に見え、「すぐに夢のように消えてしまった」富士山の海からの光景として描き直し、現実から乖離《かいり》する不自然なものにしたのです。

白幡氏は、「バードの目に映った富士山は、まぎれもなくこのような姿を見せていたのだろう」と解しますが、そうではありません。日本にくる直前に必死になってまとめたロッキー山脈の旅行記の舞台を大陸横断鉄道で越え、三週間の太平洋の船旅を経て今まさに辿り着かんとする時に見えた富士にマッターホルン、つまりジムと登攀したロングスピークを重ねているのです――ロングスピークはアメリカのマッターホルンと称されていました。その思いがあるからこそ、このような特異な挿絵にしたと解さねばなりません。前記の引用文の最後の一文は、スイスを訪れたバードの前にジムが現れすっと消えたその瞬間がジムが亡くなった時であるとバードが信じたその情景と呼応していることに留意する必要があります。

彼女がこのような富士の姿について＊を付し、「これは大気の状態がたいへん例外的なもとでのきわめて例外的な富士山の姿である。普段の富士山はもっと裾野が広がりかつ低く見え、逆さまにした扇によく譬えられる」という断り書きを注記してまでしてこのような富士を描き、挿絵にしたのは、どうしてもこのような富士を掲げておきたかったのだと考えるのが自然です。
このような解釈に関連して私が重視したいのは、最後の第五十九報にこれとは対照的なもっと自然な富士山の銅版画「東海道の村から見た富士山」（**図5**）を収め、しかも日本を離れていく時にも次のような印象的な記述で閉じていることです。

私たちが一二月一九日［木曜日］に横浜港を出航した時、ミシシッピ湾［根岸湾］岸の紫色の森の背後には富士山がそびえ、その雪をかぶった頂きは朝日に赤く輝いていた。そしてその三日後が日本を目にした最後だった――冬の海の波打ち寄せる荒々しい海岸が続いていた。

旅の最初と最後の文章も二つの銅版画も、それぞれに呼応していると見なければなりません。バードの旅行記の富士の銅版画が最初のものだけであるかのような扱われ方がずっとなされてきましたが、これではバードの意図は正しく理解できません。そのような理解では、日本の真の姿を明らかにすることを第一とするバードの意図と矛盾する異様な形の挿絵だけであるということになってしまうからです。このような異様な富士の姿の銅版画を入れたのはインパクト

図5：東海道の村から見た富士山（『完訳』第五十九報に収録）

のある挿絵を入れることの意義を十分認識した上で、ジムを思い、ジムなくしてはあり得なかった思い出の旅を綴った原稿が旅の間中、母国で連載されていることもわかっていた上でのことです。ジムとの心の絆の証としての挿絵なのです。

全訳ではないものの、図版については原則としてすべて収載したドイツ語版（前述）にあってこの第一報の富士の画像と、風景とは無関係の「巴」の画像だけが削除されたのは、日本を鮮やかに描く地誌的作品として評価する訳者にとってこの富士の非現実的な姿は掲載に値するものでないと判断されたからだと解釈されます。ですから、私の考えに通じます。

以上述べたことは世界中の読者が知る

由もなかったことですが、このような解釈には無理があるとして斥けられません。『中国奥地紀行』の口絵写真についても彼女は、同様の考えに基づき、チベット世界の東端でなく、西端の小チベットの写真を、しかも、写真をきわめて重視した書物にあって口絵写真は他者の写真にしているのです。バードの文章や銅版画、写真にはそれぞれに深い意図があり、それらを読み解いていくことが、旅と旅行記を科学することだということです。

おわりに

旅と旅行記を科学することの大切さを、バードのすべての旅と旅の生涯を、とくに日本の旅と旅行記を軸にして示すという本書のねらいを、限られた紙幅の中で十分に記述できたかどうかはわかりませんが、このような視点を欠くままに推移してきたことが大きな問題であるということ、バードのためにも、私たちのためにも、これまでの事態から脱却しなければならないという私の考え方の根本だけは理解いただけたと思います。また、本書が『完訳 日本奥地紀行』の成果の上に立ち、それと不可分に結びついていることもある程度は示せたと思います。

図版一つ言葉一つにこだわって読むことによってバードの旅行記がさらに楽しめるものになることについては機会を改めて記す予定です。バードの旅と旅行記の真の姿は、これを明らかにする書物と合わさって初めて本来の形になるからです。その日が近く訪れることを期します。

なお、本書との同時出版を意図し、平凡社より出ました日本語と英語併記の写真集『ツイン・タイム・トラベル　イザベラ・バードの旅の世界 In the Footsteps of Isabella Bird: Adventures in Twin Time Travel』は、私のバード研究の核心をなし、本書や従前の訳書・論文と不可分に結びつくものです。バードの旅の詳細な地図、著書の表紙や挿画などの資料も収録していいます。第一章で触れた写真展の終了を記念し、記録に留め、かつツイン・タイム・トラベルの面白さや、旅の基本である風景を、記録に残された風景と重ねあわせ持続と変化として味わうことの面白さを、より広く知っていただけると思います。手にとっていただければ幸いです。豪華さだけが「ワンランク上の旅」だというようなとらえ方がすべてではないことや、旅のありようの多様な面白さもわかると思います。

最後に、本書の執筆を『完訳 日本奥地紀行』の刊行後にさせていただきたいという私の希望とその理由を了解し、長く待ってくださった上に、執筆途中での内容や「ですます調」への文体の変更についても理解くださいました及川道比古氏に深謝するとともに、バードと妻なくしては、私の地理学者《ジオグラファー》としての研究教育活動の軸にイザベラ・バード論を据えることはなかったことを思い、本書をイザベラと信子に捧げます。

二〇一四年九月　イザベラが一三六年前に訪れた京都東山粟田口の寓居にて

金坂清則

1900年12月〜01年7月	モロッコの旅。
1901年8月〜03年8月	講演と雑誌等の収載作品の執筆。03年8月に病に倒れ、エディンバラに戻る。
1904年10月7日	エディンバラで死去。ディーン墓地に両親や妹・夫とともに眠る。
1905年	遺志により妹を記念する時計塔がトーバモーリに建設される。

1883年４月	『黄金半島とその彼方』を出版。
1885年６月	『日本の未踏の地』（簡略本）を出版。
1886年３月	夫ジョン、カンヌにて病歿。
1886年11月	ロンドンのセントメアリー病院を訪問。インドの医療伝道会訪問を計画。
1887年１月	講演活動に着手。
1887年４月～６月	セントメアリー病院で３カ月間看護を学ぶ。
1887年12月～88年１月	『マレーズマガジン』に旅行記を書くためにアイルランドの旅。
1889年２月～12月	カシミールと小《レッサー》チベットの旅。夫と妹を記念し、二つの病院を設立。
1889年12月～90年12月	ペルシャ・クルディスタンの旅。
1891年11月	王立スコットランド地理学協会特別会員に選出。
1891年12月	『ペルシャ・クルディスタン紀行』を出版。
1892年12月	王立地理学協会初の女性特別会員に選出。
1893年４月	ロンドンで写真術を学ぶ。
1893年５月	高名な旅行家としてヴィクトリア女王に拝謁。
1893年11月	英国教会伝道協会の支援団体グリーナーズ・ユニオンの年次総会で講演。
1894年２月	『チベット人の中にて』を出版。
1894年１月～97年３月	極東の旅。
94年４月～10月	漢江流域の舟旅の後、奉天と北京に滞在。
94年10月～95年２月	沿海州の旅の後、ソウルに滞在。
95年２月～６月	香港、中国沿岸の諸都市の旅の後、漢口訪問。
95年６月～10月	東京、伊香保、日光などに滞在。閔妃暗殺の噂を聞き、ソウルへ。
95年10月～11月	ソウル滞在の後、朝鮮北西部の旅。
95年12月～96年６月	揚子江流域とその奥地の旅。
96年６月～９月	日本に滞在。熊本、東京、日光、湯元など。
96年秋	写真集『極東の風景』を東京でコロタイプ印刷・製本。
96年10月～97年３月	ソウルに滞在。１月下旬帰国の途につく。
1897年５月～11月	英国各地で講演。雑誌等の収載作品と著書の執筆。
1898年１月	『朝鮮とその隣国』を出版。
1899年11月	『揚子江流域とその奥地』を出版。
1900年	『新版 日本の未踏の地』と『中国写真集』を出版。トーバモーリの自宅を手放す。

イザベラ・バード略年譜

1831年10月15日	イングランド、ヨークシャーのバラブリッジにて出生。
1832年	バークシャーのメイドゥンヘッドに移る。
1834年	チェシャーのタッテンホールに移る。11月妹ヘンリエッタ出生。
1842年	バーミンガムに移る。
1848年	ハンティンドンシャーのワイトンに移る。
1850年	家族でスコットランドの西部高地《ウエスト・ハイランド》やヘブリディーズ諸島に旅。
1854年6月～12月	カナダ・アメリカの旅。
1856年1月	『英国女性の見たアメリカ』を出版。
1857年初夏～58年4月	カナダ・アメリカの旅。
1858年5月	父エドワード死去。
1859年夏	3週間のアイルランドの旅。『アメリカ合衆国のキリスト教の諸相』を出版。
1860年	一家でエディンバラに移る。雑誌への投稿本格化。社会的慈善活動開始。
1861～65年	移民送り出し活動のため、ヘブリディーズ諸島訪問を重ねる。
1866年8月	母ドーラ死去。イザベラはロンドンへ。妹はマル島のトーバモーリへ。
1869年2月	『エディンバラ旧市街覚書』を出版。
1872年7月～12月	オーストラリア、ニュージーランドの旅。
1873年1月～8月	サンドイッチ（ハワイ）諸島の旅。
1873年8月～74年1月	ロッキー山脈の旅。ジム・ニュージェントとの出会いと別離。
1875年2月	『ハワイ諸島』を出版。
1878年4月～12月	5月横浜に入り、公使パークス卿らの支援の下で日本の旅。
1878年12月～79年2月	広東、香港、サイゴン、マレー半島の旅。
1879年4月～5月	シナイ半島の旅の後、帰国。
1879年10月	『英国女性ロッキー山脈滞在記』を出版。
1880年6月	妹ヘンリエッタ、トーバモーリで死去。
1880年10月	『日本の未踏の地』2巻本を出版。
1881年3月	医師ジョン・ビショップと結婚。

【著者】
金坂清則（かなさか きよのり）
1947年生まれ。地理学者。京都大学大学院文学研究科博士課程単位取得退学。京都大学名誉教授。イザベラ・バードに関する研究と写真展等の活動により王立地理学協会特別会員、王立スコットランド地理学協会特別会員、日英協会賞受賞。著書に写真集『ツイン・タイム・トラベル イザベラ・バードの旅の世界』（平凡社、日本地理学会賞受賞）、訳書にイザベラ・バード『完訳 日本奥地紀行』（訳注、日本翻訳出版文化賞受賞）、『新訳 日本奥地紀行』（訳）、『イザベラ・バード極東の旅』（編訳）、『中国奥地紀行』（訳）（いずれも平凡社東洋文庫）がある。

平凡社新書754

イザベラ・バードと日本の旅

発行日——2014年10月15日　初版第1刷
2020年10月19日　初版第2刷

著者——金坂清則

発行者——下中美都

発行所——株式会社平凡社
東京都千代田区神田神保町3-29　〒101-0051
電話　東京（03）3230-6580［編集］
東京（03）3230-6573［営業］
振替　00180-0-29639

印刷・製本—株式会社東京印書館

装幀——菊地信義

ISBN978-4-582-85754-2
NDC 分類番号291.09　新書判（17.2cm）　総ページ272
平凡社ホームページ　https://www.heibonsha.co.jp/